JN409538

날 이끌어 준
존경하는 우리 엄마에게

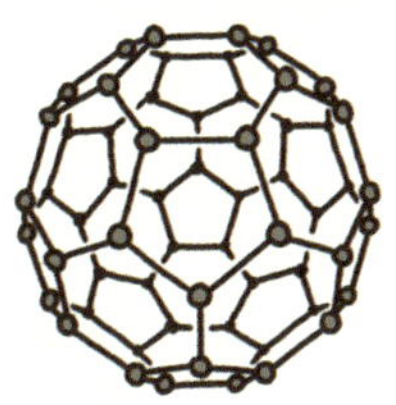

양자 물리학이 뭔가요?

우주를 만드는 구성 요소에 관한 친절한 안내서

리사 하비 스미스 글
에이단 라이언 그림
한성희 옮김

풀과바람

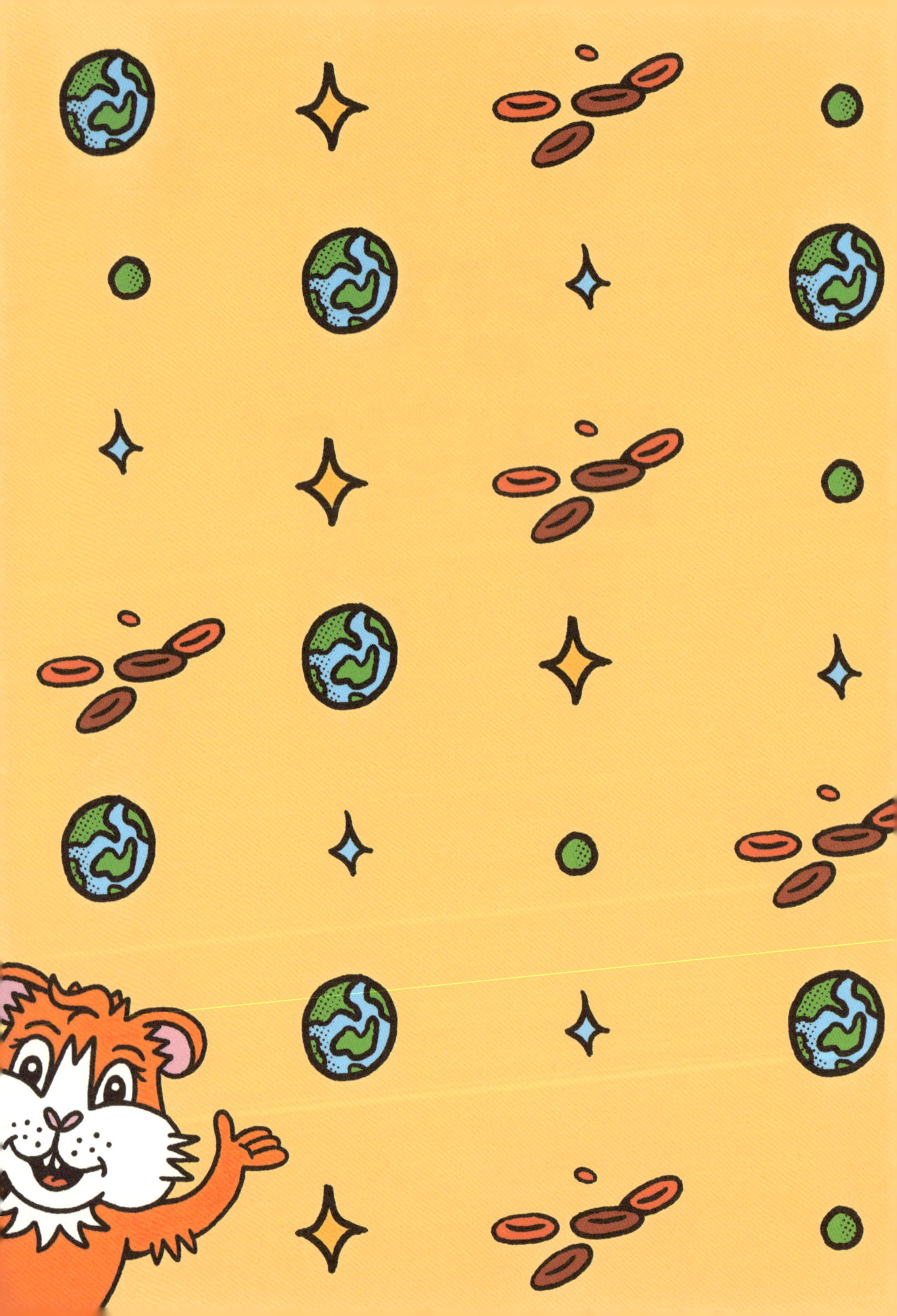

차례

시작하는 글

여러분, 안녕! 나는 리사 하비 스미스예요. 별을 연구하는 **천체물리학자**죠. 나는 천체물리학자로 일하는 동안에 폭발하는 별, 블랙홀, 왜곡된 시공간 영역처럼 우주에서 일어나는 온갖 종류의 초자연적 현상을 접했어요. 어릴 때는 언제나 자연계에서 일어나는 일에 호기심이 많았죠. 어느 날, 아빠가 모든 것은 원자로 이뤄져 있는데, 원자는 너무 작아서 현미경으로도 볼 수 없다고 말해 줬어요!

나는 정말 흥미로워서 "원자는 무엇으로 이뤄졌어요?" 같은 질문을 많이 했어요. 원자는 '입자'라는 훨씬 더 작은 물질로 이뤄졌다고 아빠가 말했을 때, 그게 무엇으로 이뤄졌는지도 당연히 알고 싶었죠.

여러분이 무엇으로 이뤄졌는지 궁금했던 적이 있나요? 전기가 어떻게 작동하는지는요? 우리 목소리가 반대편 세상에 있는 사람에게 전화로 어떻게 전달되는지 궁금하진 않았나요?

우리가 매일 쓰는 전화, 컴퓨터, 조명, 텔레비전, 냉장고와 같은 도구를 만들고, 세상을 제대로 이해하려면 원자 안에 있는 작은 입자와 그 입자를 하나로 묶는 보이지 않는 힘을 이해해야 해요.

나는 어릴 적 끊임없는 호기심 덕분에 과학자가 되었어요. 지난 20

년 동안 전 세계를 돌아다니며 놀랍고도 거대한 망원경들로 별, 은하, 블랙홀과 같은 우주에서 가장 큰 물체들을 연구했어요. 이런 연구에는 원자, 빛, 다른 방사선 등을 구성하는 작은 입자처럼 우주에서 가장 작은 것들을 이용했죠.

이 책에서는 양성자와 전자와 쿼크의 아주 작은 세계로 뛰어들어 우주 깊숙이 날아가 이상한 별과 웜홀을 만나면서, 이 모든 것을 하나로 묶는 중력처럼 놀랍고 보이지 않는 힘을 연구할 거예요. 이 여정은 가장 귀엽고 똑똑한 기니피그인 '비스킷'이 함께해요.

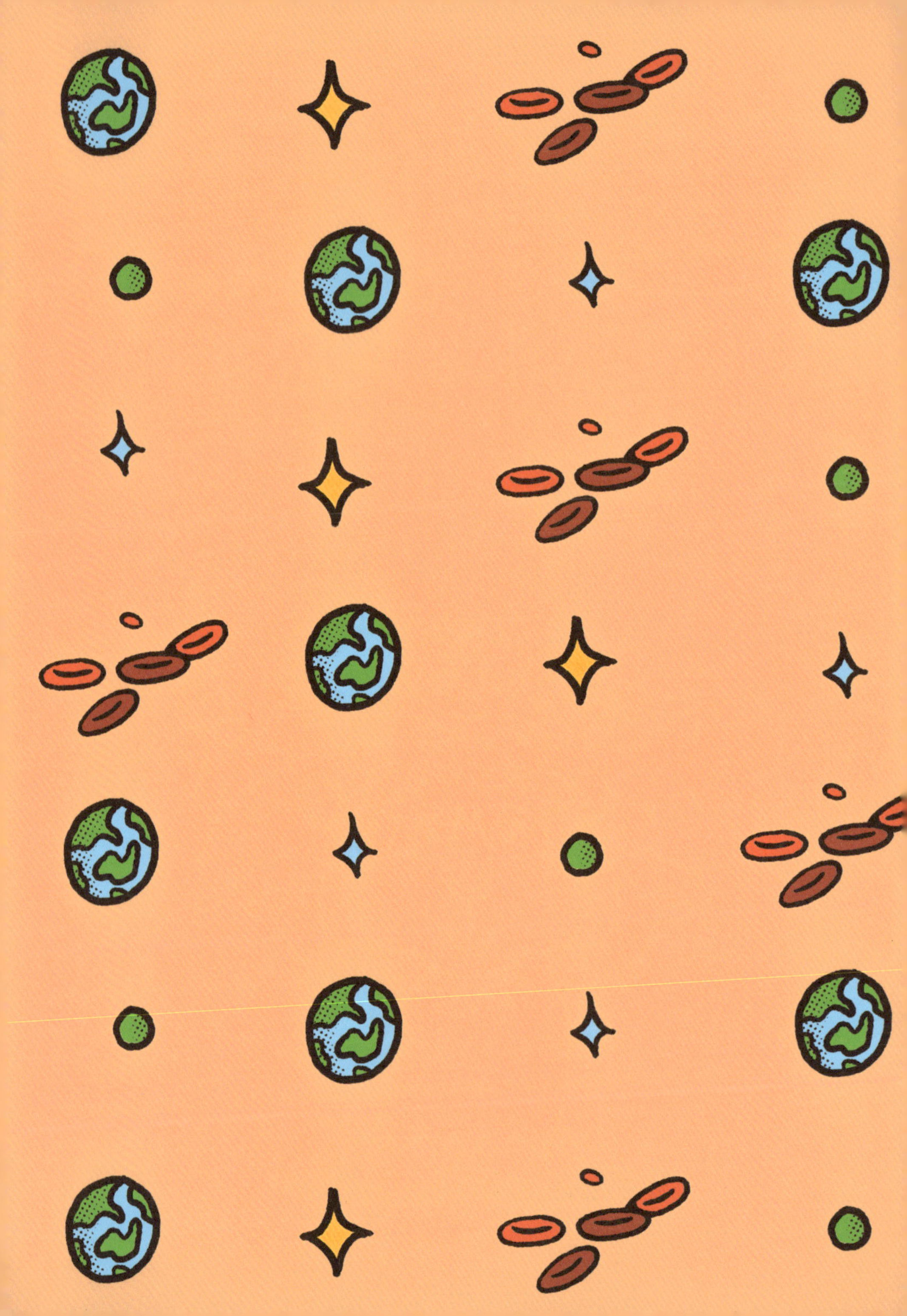

1

미시 세계

'원자'는 무엇일까요? **원자**는 아주 작은 물체인 '입자'가 모여 있는 거예요. 원자를 이루는 세 가지 기본 입자는 양성자, 전자, 중성자예요. 우리 일상생활에서 볼 수 있는 거의 모든 것이 원자로 이뤄져 있어요. 나무, 이 책, 여러분의 몸과 비스킷의 몸도 모두 원자로 구성되어 있죠. 벽돌로 집을 짓듯이, 원자는 우주를 만드는 구성 요소랍니다.

원자를 좀 더 자세히 살펴볼까요? 원자 중심에는 **'핵'**이 있는데, **양성자**와 **중성자**라는 입자로 이뤄져 있어요. 원자 바깥쪽에는 **'전자'**라는 입자가 파리 떼처럼 윙윙 돌아다니고 있어요.

원자로 가는 여행

세상에서 가장 똑똑한 기니피그인 비스킷은 몸이 작아지는 놀라운 기계를 만들었어요. 비스킷은 자신의 몸집을 1천 배 줄여 세상이 어떤 모습일지 살펴보아요. 여러분도 함께 볼래요?

부르르르~릉! 쿵. 비스킷은 어디 있나요? 정글 같은 곳에 있네요! 그런데 저 굵고 비늘 같은 나뭇가지는 뭘까요? 크기가 비스킷의 팔뚝만 하네요.

으악! 거대한 사람 머리카락이네요! 와! 그 속에서 빠져나오고 싶은 비스킷은 놀라운 기계로 뛰어가서 숫자를 눌러 또 1천 배나 작아졌어요. 비스킷이 어디로 갔는지 알아볼까요?

위이잉… 찰칵… 툭! 비스킷이 빨간 액체로 가득한 좁은 관 속에 나타났어요. 아주 편안해 보이는 빨간 튜브가 작은 강을 떠다니고 있네요. 함께 따라가 볼까요!

이 강은 피가 흐르는 혈류예요. 비스킷은 하나하나의 크기가 백만분의 1미터인 적혈구 강 위에 떠 있어요.

더 깊이 탐험하기로 한 비스킷은 기계로 돌아가서 또 1천 배나 작아졌어요. 부릉, 부르릉~ 탁!

이제 비스킷은 하늘 높이 치솟은 엄청나게 큰 나선형 계단 위에 있네요. 이곳이 어딜까요?

비스킷은 사람의 세포 안에 깊숙이 들어와 있어요. 너비가 10억분의 1미터인 나선형 계단은 데옥시리보핵산, 즉 **DNA(디엔에이)** 가닥이에요. DNA는 여러분을 만드는 암호랍니다.

자, 한 번 더 작아져 볼까요? 으으음~ 펙!

우리의 영웅, 비스킷은 이제 평소보다 크기가 1조 배나 작아져서 원자 안에 있어요.

이렇게 작은데도 원자 가운데에 있는 핵은 완두콩보다 작아 보여요. 원자핵은 꼭 붙은 채 약간 진동하는 양성자와 중성자라는 작은 입자로 이뤄져 있어요. 엄청나게 많은 전자가 비스킷 주위에서 빙빙 돌면서 움직이는 에너지로 계속 윙윙거리고 있어요.

어지러워진 비스킷은 작아지는 놀라운 기계의 계기판을 눌러 이 미시 세계를 떠나, 이 모든 것이 무엇을 의미하는지 알아보려고 다시 정상 세계로 돌아와요.

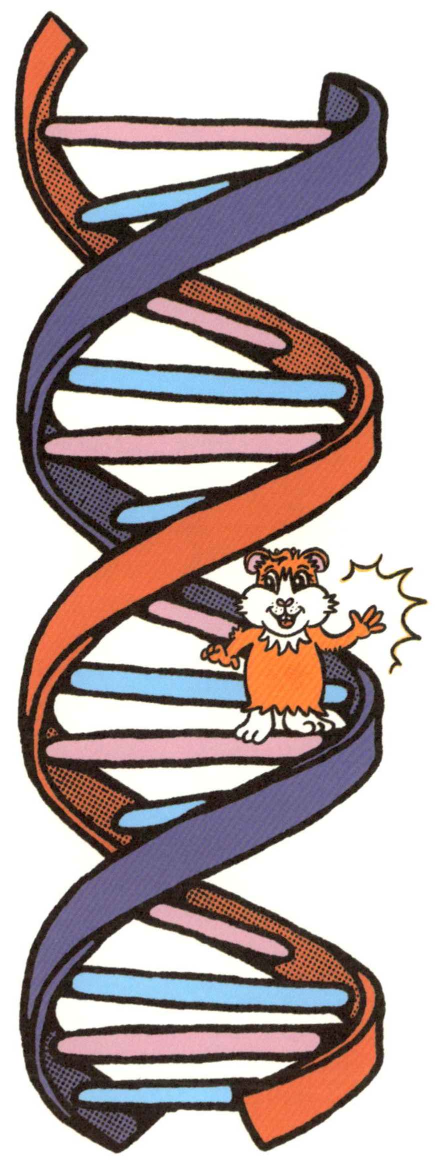

입자란 무엇이고 어디서 왔을까요?

입자는 우리 몸과 세상, 심지어 우주 공간에 있는 거의 모든 것을 구성하는 작은 물체입니다! '소립자(기본 입자)'는 더 이상 분해되지 않는, 존재하는 가장 작은 물체입니다. 다른 입자는 모두 소립자가 결합해서 만들어져요. 원자, 분자(원자가 결합한 것) 또는 아원자 입자(원자보다 작은 입자)가 만들어질 수 있어요. 이를테면 양성자와 중성자가 원자를 구성하는 것처럼요.

그렇다면 입자는 어디서 왔을까요?

모든 것은 약 138억 년 전에 일어난 **빅뱅**에서 시작되었어요. 그때 우주는 작은 공간에 몰려 있다가 팽창하기 시작했어요. 양성자, 전자, 중성자는 빅뱅이 일어나자마자 바로 생겼어요.
그렇게 입자가 탄생했어요!

그런데 어린 우주는 너무 뜨거워서, 이들 입자는 서로 결합해 원자를 만들 정도로 오랫동안 가만히 있을 수 없었어요. 그렇게 하면 원자가 빨리 쪼개졌어요.

시간이 지나자, 우주가 팽창되면서 차갑게 식었어요.

그러자 가장 단순한 원자인 수소가 만들어졌어요. 이는 130억 년 전에 일어났던 일이죠. 이와 비슷한 많은 원자가 그 이후로 줄곧 우주를 떠다니고 있어요.

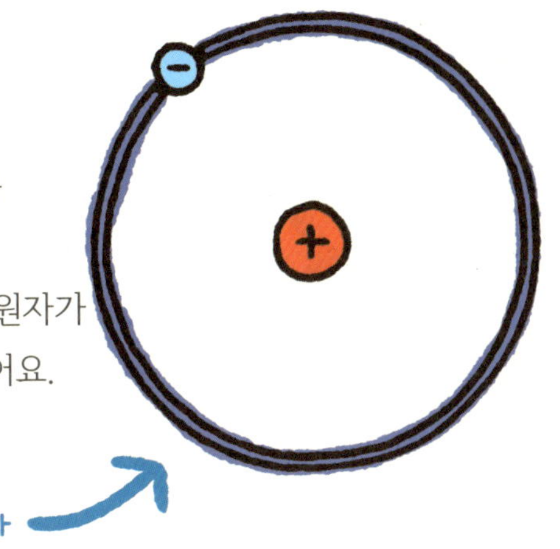

그때부터 다른 원자들은 주로 별 안쪽 깊은 곳에서 만들어져서 우주로 흘러나왔어요. 우리 몸에 있는 원자의 약 3분의 2는 빅뱅 때 만들어졌고, 나머지는 별 안에서 일어난 핵반응으로 만들어졌어요. 수소와 헬륨 같은 작은 원자는 별 중심에서 결합해 탄소, 질소, 산소와 같은 더 큰 원자를 만들었어요. 이때 에너지가 나와서 별이 빛나요.

별이 수명을 다할 때쯤에 화학물질이 다시 우주로 나와요. 때로는 **초신성**이란 별 폭발로 내보내지기도 하죠. 마침내 더 무거운 원자가 중력으로 한데 뭉쳐서 새로운 별과 행성을 만들어요. 이렇게 태양과 지구가 생겼고, 우리 몸을 구성하는 원자들이 우주에서 모였어요.

그러니까, 여러분이 별이 불타고 우주가 폭발한 뒤에 남은 물질이란 사실을 이제 알겠죠!

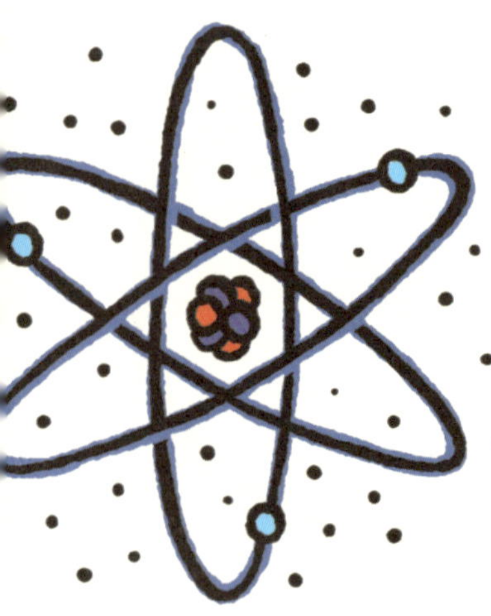

전하가 있는 원자

무엇이 원자를 결합할까요? 바로 보이지 않는 힘이 원자의 다른 부분을 서로 붙여 줍니다. 마치 자석이 서로 끌어당기는 것처럼요. 왜냐하면 입자마다 전하가 있거든요.

- \+ 양성자는 (+) 양전하를 가져요.
- − 전자는 (-) 음전하를 가져요.
- n 중성자는 전하가 아예 없어요. 중성자는 전기적으로 중성이어서 양전하나 음전하를 갖고 있지 않아요.

반대 전하가 끌리므로, 양성자와 전자는 서로 가까이 있으려고 해요. 이 전기적 인력이 이들을 결합하죠.

크기가 다른 원자

원자는 종류가 적어도 118개 있으며 크기가 다 달라요. 약 92개 원자는 자연에 존재하지만, 나머지는 과학자들이 인공적으로 만들었어요. 한 종류의 원자로만 이루어진 물질을 '**원소**'라고 해요. 헬륨, 탄소, 산소, 네온, 은, 금 등 몇몇 원소를 들어봤을 거예요.

가장 작은 원자는 수소예요. 우주에 있는 원자 열 중 아홉은 수소 원자죠. 수소 원자 대부분은 양성자 하나와 전자 하나로 이뤄져 있어요. 수소는 속눈썹 위에 백만 개쯤 올려놓을 수 있을 정도로 아주 작아요. 수소 하나의 무게는 파인애플보다 수십억 배나 가벼워요!

우리가 아는 가장 큰 원자는 '오가네손'이란 원소인데, 핵 안에 무려 양성자 118개와 중성자 176개가 들어 있어요! 오가네손은 2002년에 과학자들이 만들었어요. 이 원소는 크기가 커서 불안정하고 약 천분의 1초 만에 쪼개져요.

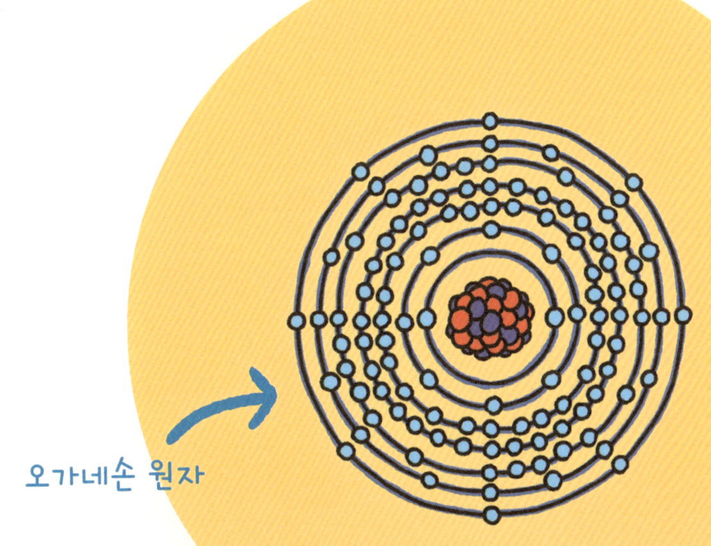

신기한 분자

때로는 원자가 서로 가까워지면 강한 결합이 일어나기도 하죠. 원자가 양성자와 전자 사이의 전기적 인력으로 서로 달라붙어서 결합하면 **분자**가 생겨요. 돌, 토끼, 신발 끈에서부터 샌드위치, 나무, 빗방울까지 우리가 볼 수 있는 거의 모든 것은 분자로 이뤄져 있어요. 게다가 머리카락, 치아, 근육, 뼈, 피를 포함해서 우리 몸도 분자로 이뤄져 있어요!

어떤 분자는 아주 작고 단순해요. 예를 들어 산소 원자 한 쌍은 바로 지금 우리가 들이마시는 산소인 O_2(오투)라는 분자를 만들 수 있어요. 산소와 수소가 서로 결합하면 H_2O(에이치투오) 분자, 즉 물을 만들어요. 여러분이 마시는 모든 물방울에는 수십억 조가 넘는 물 분자가 들어 있어요. 물 분자마다 수소 원자 두 개와 산소 원자 하나가 서로 결합하고 있답니다.

또 다른 분자는 아주 크고 복잡할 수 있어요. 앞서 나온 DNA는 화학식이 $C_{15}H_{31}N_3O_{13}P_2$인 엄청나게 큰 분자입니다. 우리 몸의 세포 하나하나에는 DNA가 들어 있어요. 우리는 DNA가 세포에 어떻게 자라서 복제하는지 알려 줘서 살아갈 수 있어요.

우주에는 굉장히 다양한 분자가 있어요. 별 사이에는 물, 이산화탄소, 메탄과 다른 작은 분자로 채워진 화학 구름이 있어요. 또한 수소, 탄소, 질소, 산소가 결합해서 만든 훨씬 더 큰 분자도 볼 수 있어요.

지구에 생명체가 어떻게 시작되었는지 정확히 알 수 없지만, 과학자 대부분은 아마도 지구가 어렸던 40억 년 전쯤에 이런 화학물질이 서로 결합할 때 생명체가 시작되었을 거라고 보고 있어요. 작은 분자들이 결합해서 더 복잡한 분자들을 만들었기에 생명체가 세포를 만들고, 에너지를 생성하며 번식할 수 있었어요. 우리는 어떻게 이런 분자가 가장 기본적인 생명체가 돼서 다른 생명체로 발달했는지 이해하려고 여전히 노력하고 있습니다.

우주적 사실

축구공처럼 생긴 특별한 탄소 분자가 있어요. 바로 '버크민스터풀러렌', 줄여서 '버키볼'이라고 해요. 탄소 원자가 60개 있어서 화학식이 C_{60}이에요. 탄소가 이웃한 탄소 세 개와 각각 연결되어 있어요.

2

입자의 작은 세계

이제까지 원자와 원자를 구성하는 양성자, 중성자, 전자라는 작은 입자를 살펴봤어요. 그런데 우리가 작아지는 놀라운 기계로 다시 뛰어들어 그 밑의 더 작은 세계를 탐험한다면 어떻게 될까요? 이렇게 미세하게 작은 입자보다 더 작은 것을 발견할 수 있을까요?

알고 보니, **소립자**를 만나러 아주 작은 세계로 더 멀리 여행할 필요가 없더라고요. 소립자는 정말로 모든 것을 구성하는 기본 요소거든요. 아무리 힘껏 애써 봐도 소립자를 더 작은 조각으로 나눌 수 없어요. 소립자는 쪼개거나, 부수거나, 반으로 자르거나, 포크로 으깨거나 가위로 자를 수가 없어요. 소립자는 가장 작은 물질, 그 자체거든요. 사실 너무 작아서 많은 과학자가 소립자를 '점과 같거나' 또는 무한히 작다고 말해요.

미시 세계 과학은 과학자들이 완전히 이해하려고 여전히 노력하고 있는 분야입니다. 과학자들이 훨씬 더 작은 입자로 쪼개지는지 알아보려고 아주 빠른 속도로 입자를 충돌시킨 원자 충돌 실험을 통해 놀라운 발견이 많이 나왔어요. 이상한 입자 계열이 모두 밝혀졌어도 알아야 할 것이 많이 남아 있어요.

이런 소립자를 몇 개 만나보고 어디까지 밝혀졌는지 알아볼까요?

렙톤

먼저, **렙톤**을 만나볼게요. 렙톤 계열에는 여섯 종류가 있지만, 지금은 전자만 알아볼 거예요.

원자를 구성하는 데 중요한 역할을 하는 전자를 기억하나요? 전자는 음전하를 띤 채 원자핵 주위를 맴돌아요.

전자는 양성자와 중성자에 비해 아주 작아요. 전자의 무게는 겨우 10^{30}의 1kg 이하로, 정확하게는 0.0000000000000000000000000000009109kg이에요. 원자핵에 있는 다른 아원자인 양성자와 중성자보다 약 2천 배나 가벼워요.

쿼크

다음으로 만나볼 소립자는 **쿼크** 계열이에요. 쿼크는 60년 전쯤에 발견되었어요. 이때 과학자들은 각각의 양성자 안에 든 작은 입자 세 개를 찾았어요. 이 비밀스러운 특징을 가진 입자를 '쿼크'라고 불러요.

쿼크는 총 여섯 종류가 있어요. 이 6가지 종류를 쿼크의 '맛깔(flavor)'이라고도 해요. 아래와 같은 이름이 붙여졌어요.

- up(위)
- down(아래)
- strange(기묘)
- charm(맵시)
- bottom(바닥)
- top(꼭대기)

쿼크의 맛깔에서 가장 큰 차이는 전하와 크기예요. 앞면에서 쿼크의 종류는 가장 가벼운 것부터 가장 무거운 것까지 순서대로 나열했어요. 이를테면 위쿼크가 가장 가벼워요. 위쿼크는 약 30조 개가 모래알 하나와 무게가 같아요.

익히 알려진 양성자와 중성자는 위쿼크와 아래쿼크가 다양하게 결합해서 만들어져요. 양성자는 위쿼크 2개와 아래쿼크 1개로 이뤄졌어요. 중성자는 아래쿼크 2개와 위쿼크 1개로 이뤄졌고요. 그리고 둘 다 '글루온'이란 입자가 들어 있어요. 글루온은 풀처럼 쿼크를 딱 붙여 줘서 붙여진 이름이에요!

우주적 사실

쿼크로 만든 매우 드물고 색다른 종류의 입자가 있어요. 펜타쿼크, 람다 입자, 파이온처럼 별난 이름을 가졌어요. 이들 입자는 양성자와 중성자처럼 안정적이지 않아서 10억분의 1초도 되기 전에 쪼개져서 아마 들어본 적이 없을 거예요. 과학자들은 미시 세계의 비밀을 알려 주려고 특수 실험실에서 이들 입자를 연구하고 있어요.

보손

또 다른 소립자로는 **보손**이 있어요. 보손은 우리 세계에 영향을 끼치는, 보이지 않게 밀고 당기는 힘을 만들어내요. 보손은 '강한 상호작용(강력)'이란 인력으로 원자를 서로 뭉치게 하죠. 보손은 전자기력으로 우리에게 빛을 주고, 중력을 통해 행성과 우주 전체를 만들어요. 보손이 없다면 아무 방향으로 마구 날아다니는 수많은 작은 입자 말고는 아무것도 존재하지 않을 거예요! 이미 알고 있는 보손에는 글루온이 있어요. 글루온은 양성자와 중성자 안에서 쿼크가 서로 붙어 있게 하죠. 6장에서 이런 보손과 보손이 지닌 힘에 대해 자세히 알아볼 테니까 기대해 줘요.

입자물리학의 표준 모형

이번 장에서는 '**입자물리학의 표준 모형**'이란 과학 이론을 만나볼 거예요. 입자물리학의 표준 모형이란 우리 세계를 구성하는 작은 입자를 이해하도록 돕는 규칙이에요. 아원자 입자에서부터 전체 우주에 이르는 모든 것이 어떻게 반응하는지 알려 주므로 반드시 이해해야 해요. 우리가 이런 입자를 몰랐다면 컴퓨터, 핸드폰, 디지털카메라,

인터넷, 의료용 진단장치 등을 만들 수 없었어요. 믿기 어렵겠지만, 내가 어렸을 때는 이런 물건이 하나도 없었거든요.

우리는 입자물리학의 표준 모형 덕분에 놀랍게도 원자 안에 무엇이 들었는지 이해해서 굉장한 신기술을 만들어낼 수 있었어요. 그런데 과학은 절대 한시도 멈추지 않아요. 여러분이 사는 동안에 - 어쩌면 과학자로 일하면서 - 우리는 미시 세계를 들여다볼 새로운 방법을 찾아서 대단히 중요한 새로운 지식을 얻을지도 모르죠.

이런 발전으로 우리가 상상조차 하지 못했던 기술이 나올 수도 있어요! 30년 뒤에는 우리를 위해 요리하고, 장을 보고, 깜짝 생일 파티를 여는 똑똑한 컴퓨터가 있지 않을까요? 지능형 로봇이 의사와 선생님과 소방관이 될까요? 모든 집에 난방, 냉방, 조명, 전자기기에 전력을 공급하는 작은 '별'이 있어서 화석연료를 더는 쓰지 않을 수 있을까요? 입자물리학을 이용해서 우리 몸의 망가진 부위를 재생해서 병을 치료하거나 영원히 살 수 있을까요? 그런데 우리는 영원히 살기를 원할까요?

우리 세상이 미래에 어떤 모습일지 상상만 해도 신나요. 과학을 잘 이해할수록 훨씬 더 많은 상상을 할 수 있답니다.

3

양자의 별난 점

양자물리학은 물질과 에너지처럼 우리 세계를 구성하는 작은 것을 연구하는 학문이에요.

잠깐, 물질과 에너지가 뭐예요?

물질은 일상생활에서 쓰는 물건을 구성하는 것이에요. 물질은 입자로 이뤄져 있어요. 여러분과 나는 지구에 있는 우리 주변의 모든 것과 마찬가지로 물질로 이뤄져 있어요. 물, 공기, 바위, 모래뿐만 아니라, 별, 혜성, 소행성, 위성, 은하 등과 같은 우주에 있는 모든 것도 물질로 이뤄져 있지요. 물질은 아주 중요하답니다.

에너지도 매우 중요해요. 에너지로 물체가 움직일 수 있어요. 에너지는 화학에너지, 열에너지, 전기에너지, 복사에너지처럼 여러 종류가 있어요. 에너지가 없으면, 아무 일도 일어나지 않아요.

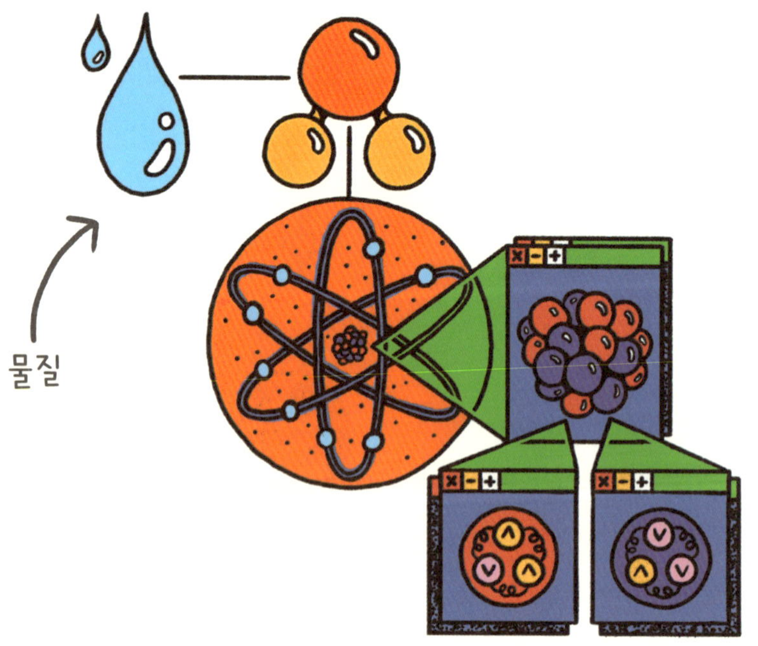

양자물리학이 왜 중요할까요?

과학자들은 100년도 훨씬 전에 물질과 에너지가 일정한 양을 가진다는 사실을 발견했어요. 존재하는 것 중 물질과 에너지의 양이 가장 작은 것은 '양자'라고 해요. 빛의 양자는 '광자'라고 불러요. 전기의 양자는 '전자'라고 하죠. 우리는 양자물리학으로 광자를 반으로 쪼개거나 전자를 사 등분 할 수 없다는 것을 알아요. 양자는 항상 통째로 있거나 하나 이상이거든요.

과학자들은 양자물리학 덕분에 빛, 에너지, 물질이 가장 기본적인 단계에서 어떻게 작용하는지 새롭게 이해했어요. 우리는 원자가 어떻게 반응하고, 빛이 어떻게 흡수되고 방출되며(전구처럼요!), 에너지를 어떻게 이용하는지 알아냈기에, 전동 스쿠터, 원격조종 자동차, 드론, 세탁이 끝나면 음악이 나오는 세탁기처럼 굉장한 물건을 발명할 수 있었어요.

기기 안에 든 작은 전자칩은 전자로 정보를 저장하는 반도체를 이용해요. 현재 위치와 원하는 장소에 가는 방법을 정확하게 스마트폰에 알려 주는 지도와 위치 서비스는 원자시계가 필요해요. 맞아요, 원자시계도 양자 기술을 이용하죠. 그리고 스마트 기기의 디지털카메라도 양자물리학을 이용해서 전자 형태로 이미지를 담아요.

양자물리학이 없다면, 전자기기나 인터넷은 존재하지 않았을 거예요. 미래에 과학자들은 양자물리학으로 훨씬 더 놀라운 기술을 개발할 수 있어요. 이를테면 새로운 것을 발견하고 디지털 친구가 사는 가상 세계를 만드는 엄청나게 똑똑한 컴퓨터처럼 말이에요.

전자기복사

양자물리학을 이해하려면 전자기복사(전자기파)를 알아야 해요. 전자기파는 전파, 마이크로파, 적외선, 가시광선, 자외선, 엑스선, 감마선 등 여러 종류가 있어요. 이렇게 다양한 이름은 우리 눈으로 볼 수 없는 다양한 빛의 색을 나타내요. 6장에서 전자기파에 관해 더 자세히 알아볼 거예요.

전자기파는 별빛처럼 에너지를 우주 전체에 전달해요. 에너지는 바다에서 물결치듯이 높이 올라갔다가 아래로 내려가면서 움직여요. 두 전자기파의 꼭대기가 합쳐지면, 더 강한 꼭대기를 만들려고 결합해서 전자기파가 더 밝아져요. 파동의 꼭대기와 아래가 합쳐지면 서로 상쇄되어서 빛을 전혀 남기지 않아요. 마치 여러분이 친구와

트램펄린에서 뛰는 것과 비슷해요. 친구와 같이 뛰면 더 높이 올라가죠. 그런데 동시에 뛰지 않으면 잘 뛰지 못하거나 넘어질 거예요!

하지만 양자물리학에 따르면 전자기파가 항상 파동처럼 움직이지는 않아요. 때로는 입자가 흐르는 것처럼 움직이기도 해요. 사실 특수 디지털카메라로 빛의 입자를 하나씩 찾아낼 수 있어요.

전자기 입자를 '광자'라고 해요. 광자는 많은 에너지를 가진 감마선에서부터 적은 에너지를 가진 전파에 이르기까지, 얼마나 많은 에너지를 가졌는지에 따라 구분돼요.

그렇다면 빛은 파동일까요? 아니면 입자일까요? 둘 다예요. 맞지도 틀리지도 않아요. 과학자들은 상황에 따라 선택해요. 양자물리학은 이상하죠?

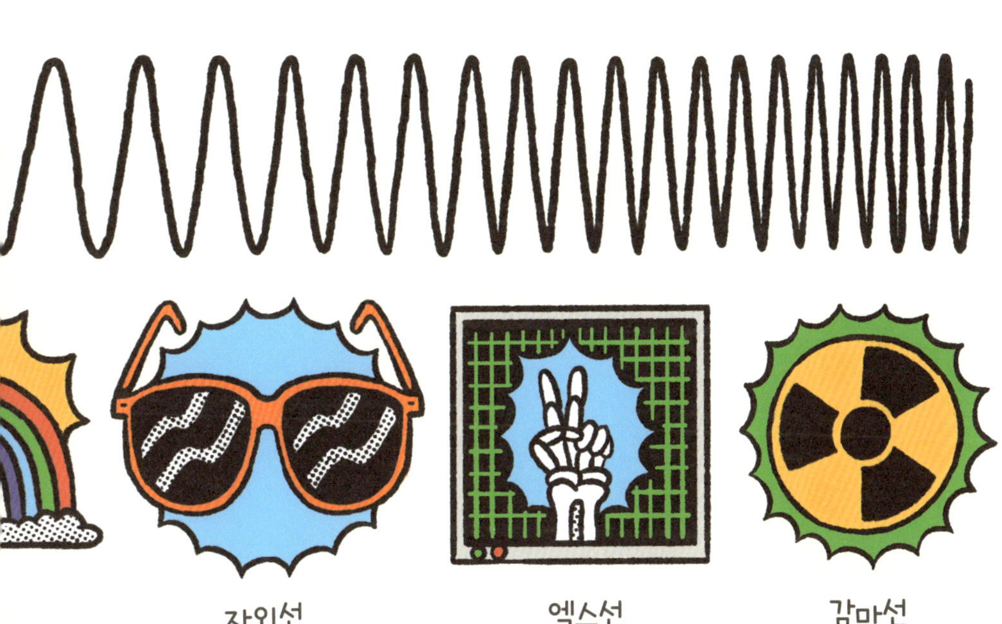

$E = mc^2$

우리는 에너지와 물질이 마치 서로 다른 것처럼 얘기했어요. 그런데 (입자로 구성된) 물질이 에너지로 변하고, 에너지가 물질로 변할 수 있다는 놀라운 과학 이론이 나왔어요. 실제로 에너지와 물질이 같다는 거죠.

더 자세히 설명하려면, 세상에서 가장 유명한 방정식인 $E = mc^2$를 살펴볼까요?

방정식을 풀어 보면, 물체의 에너지(E)는 질량(m)과 빛의 속도(c) 제곱을 곱한 것과 같다는 뜻이에요. 즉, 적은 양의 물질로 엄청난 양의 에너지를 만들어낸다는 거예요. 예를 들어, 우라늄이나 플루토늄이란 물질 약 1g으로 핵폭발이 일어나면, 넓은 지역을 파괴할 정도의 에너지가 나와요. 태양에서는 핵융합반응으로 약 400만 톤의 물질이 1초마다 에너지로 변해서, 온 지구가 약 100만 년 동안 쓸 전기에 필요한 전력을 모두 공급할 정도로 많은 에너지가 나와요.

과학자들은 원자핵에 광자를 쏴서 에너지가 어떻게 두 입자인 전자와 양전자(4장에서 자세히 다룸)로 변하는지 보여 줬어요. 양전자가 전자와 충돌하면 두 입자가 없어져서 다시 에너지(감마선광자 2개)로 돌아가죠. 정말 마법 같은 일이에요!

무지개처럼 다양한 색을 전해 주는 양자

우리가 사는 세상은 양자물리학으로 다채로워졌어요. 우리는 양자물리학 덕분에 금속이 뜨거울 때 왜 빨갛게 달아오르는지를 이해하고, 어떤 별은 노란색인데 어떤 별은 왜 주황색이나 파란색인지 그 이유를 알게 되었어요. 양자물리학 덕분에 고화질 텔레비전과 컴퓨터 화면을 만들고, 굉장히 멋진 불빛 쇼를 펼치고, 외과 의사가 환자의 시력이 좋아지도록 수술하는 데 쓰는 정확한 레이저를 만들었어요.

우리는 양자물리학으로 원자가 에너지를 받으면 어떻게 반응하는지 알게 되었어요. 물체에 에너지를 주면, 원자가 그 에너지를 흡수해요. 에너지는 전자에 저장되었다가 나중에 다시 나와요.

그렇다면 진짜 세상에서는 어떻게 빛이 만들어질까요? 달아오르는 금속부터 알아볼까요?

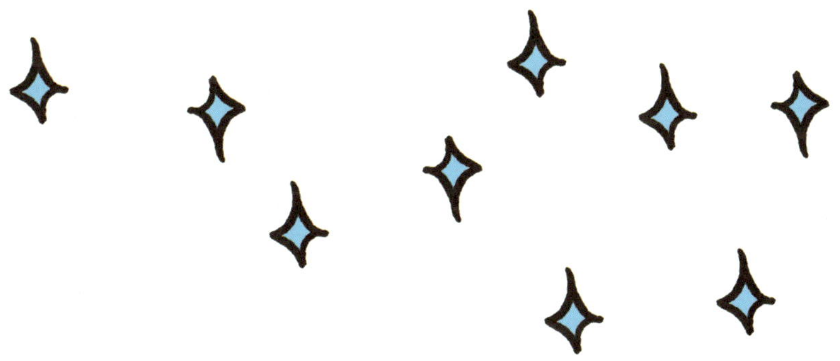

대장장이가 금속 덩어리를 불에 넣으면, 에너지 형태인 열이 원자 속의 전자에 저장되죠. 시간이 지나면서 원자는 열과 빛으로 에너지 일부를 내보내요. 더 뜨거운 물체가 더 높은 에너지 복사선을 내보내요. 그러므로 섭씨 500도 정도의 뜨거운 금속은 붉거나 주황색의 빛을 내고, 섭씨 1000도가 넘는 아주 뜨거운 금속은 푸르스름한 흰색 빛을 내죠. 양자물리학으로 얻은 또 다른 굉장한 결과예요.

우리 몸도 빛난다는 사실을 알았나요? 체온이 겨우 37도밖에 되지 않아서 몸에서 나오는 복사선이 눈에 보이지 않을 뿐이에요. 우리는 적외선(열) 복사선을 내고 있어서, 어두운 산이나 바다에서 길을 잃으면 '야간 투시' 카메라로 위치를 빨리 찾을 수 있어요.

어떤 별은 주황빛이 도는 빨간색이고, 태양과 같은 별은 노란색이며, 어떤 별은 흰색이나 파란색이란 사실을 눈치챘나요? 뜨거운 금속이 달아오르는 것처럼, 별은 온도에 따라 독특한 색깔을 띠어요. 사실 별의 색깔을 정확히 측정하기만 하면, 우주로 날아가서 뜨거운 표면에 온도계를 넣지 않아도 얼마나 뜨거운지 알 수 있어요. 휴!

뜨거움　　진짜 뜨거움　　대단히 뜨거움　　어마어마하게 뜨거움

양자물리학은 인공조명이 우리 주위에 가득한 현대 세상에서 색을 이끌어요. 텔레비전, 노트북, 태블릿, 휴대전화 등의 화면은 양자물리학을 이용해서 글, 사진, 영화를 번개처럼 빠르게 우리에게 전해 주고 있어요. 과학자들이 화학물질과 전자와 복사선을 어떻게 다루면 '발광다이오드(LED, 엘이디)'라는 특별한 조명을 만드는지를 알았기에 가능했어요.

크리스마스 조명처럼 연말에 보이는 장식용 조명이라고 알 수도 있지만, 발광다이오드는 대부분 전자 디스플레이의 기본이기도 해요. 발광다이오드는 원자를 특별히 결합해서 만든 물질에 건전지를 연결하면 작동해요. 원자가 건전지로 에너지를 받으면, 전자가 뛰어올랐다가 다시 떨어지면서 빛을 내죠. 발광다이오드는 (전구와 달리) 너무 뜨겁지도 않고, 너무 많은 전력을 쓰지 않고도 오랫동안 쓸 수 있어서 자주 교체할 필요가 없으니까 정말 좋아요.

마지막으로 우리가 만나볼 놀라운 빛의 양자는 중요한 기술에 널리 쓰이는 레이저입니다. 레이저는 가정에 광대역 인터넷을 가져오고, 마트 계산대에서 삐 소리를 내며 물건을 스캔하고, 음악 축제에서 화려한 불빛 쇼를 만들며, 눈 수술과 다른 의료 수술에서 시력과 생명을 구하기도 해요.

레이저는 원자가 든 물질에 에너지를 비추면 색깔 있는 빛이 나와요. 빛이 거울을 이용한 물질 안에서 위아래로 반사되면서 같은 색깔의 빛이 더 많이 생겨요. 이 빛이 좁은 불빛으로 나오죠.

우주적 사실

케이크 굽기요? 이것도 양자물리학이에요! 음식에 열을 가하면, 원자 사이에 새로운 결합이 생기면서 화학구조가 변하고, 밀가루, 설탕, 달걀과 같은 원재료의 맛과 식감이 맛있게 바뀌잖아요.

꽃을 키우는 양자의 힘

우리는 별이 빛나려고 원자가 별 한가운데에서 어떻게 결합하는지를 이미 배웠어요. 예쁜 꽃을 키우려고 씨앗을 심을 때, 태양 깊숙한 곳에서 일어난 양자 과정으로 생긴 햇빛으로 꽃이 자란다는 사실을 깨달은 적이 있나요? 그게 바로 꽃을 키우는 양자의 힘이죠!

4

반물질의 이상한 세계

'반물질'을 들어본 적이 있나요? 반물질은 찾아보기 어렵지만 아주 중요하고 영향력 있는, 신기하고 희귀한 물질이에요. 반물질은 태양을 빛나게 하고, 건드리면 터지며, 생명을 구할 수도 있어요.

반물질이 뭘까요?

반물질은 반입자로 이뤄져 있어요. 반입자는 보통의 입자와 질량(무게)이 같지만, 전하가 반대입니다. 우리가 이미 만난 입자가 거울에 비친 거라고 여겨도 돼요.

소립자 친구인 쿼크를 기억하나요? 음, 쿼크는 맛깔마다 거울에 비친 것처럼 반쿼크가 있어요.

쿼크가 양성자와 중성자를 구성하는 방법과 똑같이, 반쿼크도 결합해서 반양성자와 반중성자를 구성해요.

전자도 질량이 같지만, 전하가 반대인 반입자가 있어요. 이를 '**양전자**'라고 하는데, 엄청나게 중요해요. 뒷장에서 양전자가 세상을 어떻게 구하는지 자세히 알아봐요!

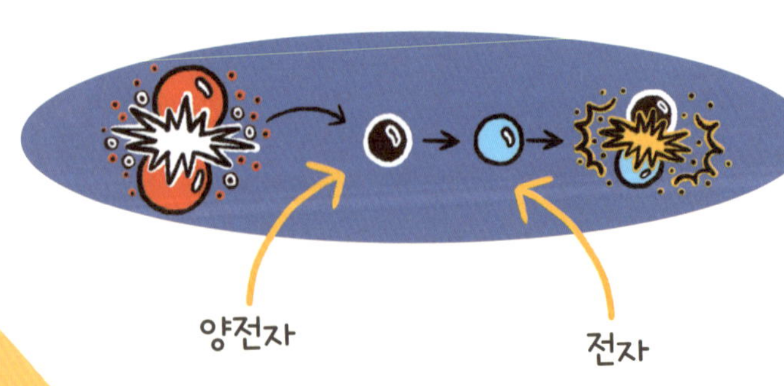

우주적 사실

만약에 여러분과 똑같이 생긴 반물질을 만난다면, 절대로 '하이 파이브'하며 인사하지 마세요. 입자와 반입자가 닿으면, 곧바로 소멸하거든요. 번쩍하는 에너지에 둘 다 사라져 버린다는 뜻이에요. 관련된 입자에 따라, 물질과 반물질이 소멸하면 아주 높은 에너지를 가진 빛인 **감마선**이 약간 나올 수 있어요. 또한, 렙톤 계열의 이상한 작은 입자인 중성미자가 나와서 여러분 몸을 휙 통과할 수도 있어요. 반갑게 손을 흔들며 인사하는 편이 더 좋아요.

반물질이 세상을 밝히는 방법은…

태양 중심에서는 입자들이 매우 빠르게 돌아다니면서 서로 충돌하고 있어요. 이렇게 혼란스러운 중에 가끔 양성자 한 쌍이 정면으로 부딪치기도 해요. 이 중 하나에서 (전자의 반입자인) 양전자가 나오면, 핵반응이 연달아 일어나죠. 방출된 양전자는 지나가는 전자와 재빨리 만나 소멸하면서, 감마선이 나와요. 감마선이 서로 밀치며 태양에서 빠져나오는 동안에 에너지를 잃고 열, 빛, 자외선으로 변해요. 이렇게 놀라운 과정이 없었다면, 아름다운 행성인 지구에는 열이나 빛도 없고, 생명체도 없었을 거예요. 반물질아, 고마워!

…그리고 생명을 구하는 반물질

양전자 단층 촬영법(PET) 장치는 병원에서 질병을 진단하고 심장과 뇌의 건강을 검사하는 데 쓰는 기계입니다. 팔에 주사한 특수한 액체는 혈액을 따라 온몸을 이동해요. 이 액체에는 혈액에 약간의 양전자(반물질)를 내보내는 방사성 원자(천천히 분해되는 원자)가 들어 있어요. 양전자는 전자와 함께 안전하게 없어지면서 감마선을 내보내죠. 이 장치로 감마선을 찾아내서 몸속의 영상을 만들 수 있어요.

우리 몸은 문제가 생겨서 질병과 싸우는 곳에 더 많은 피를 보내요. 영상에서는 그곳이 밝은 점으로 보이니까, 의사가 몸에 영향을 주는 질병이 어디에 있는지 정확히 찾아내서 치료법을 알아낼 수 있어요.

반물질로 원자를 만들 수 있을까요?

네, 과학자들은 반물질로 원자를 만들어서, 그 원자를 연구하며 어떻게 반응하는지 이해할 수 있어요.

입자가속기에서는 양성자가 빙빙 돌도록 커다란 자석으로 끌어당기면서 빛의 속도에 가깝게 속도를 높여요. 그때 양성자가 금속에 부딪치면서 백만 번 충돌할 때마다 네 번 정도에서 반양성자가 생겨요.

반양성자는 자석에 이끌려서 방사성 물질에서 나온 양전자와 함께 특수 장치로 들어갑니다. 여기에서 양성자와 양전자 일부가 반대 전하로 만나 결합해서 원자가 만들어져요.

우주적 사실

감자칩을 좋아하나요? 좋아한다면, 바로 지금 몸 안에 반물질이 있을 거예요. 감자와 다른 많은 음식에는 방사능이 있는 칼륨-40이 조금 들어 있거든요. 칼륨-40의 핵이 분해되면서 양전자를 만드는데, 몸 안에서 양전자가 나온 뒤에 근처에 있는 전자와 함께 빠르게 사라져요. 다행히 건강을 해칠 정도로 이런 반응이 많이 일어나지는 않아요.

최근 몇 년간 과학자들은 반물질에서 더 크고 복잡한 원자를 만들어냈어요. 여기에는 반양성자 2개와 반중성자 2개로 이뤄진 반헬륨과 헬륨 핵 주위를 도는 전자와 반전자로 이뤄진 이상한 원자가 포함되어 있어요.

반물질로 원자를 만드는 일은 쉬워요. 그런데 어떻게 반응하는지 연구할 수 있도록 원자를 오래 가두는 일은 진짜로 어려워요. 반물질이 일반 물질에 닿으면 감마선이 터지면서 둘 다 사라진다는 사실을 떠올려 보아요. 즉, 공기조차도 없는, 완전히 아무것도 없는 특수한 방에 반입자를 둬야 하죠. 이런 상태를 '진공'이라고 해요. 그런데 빈 상자라도 반입자가 옆에 반드시 닿지 않아야 해요. 안 그러면… 꽝, 터지죠!

과학자들은 반입자를 저장하려고 전기장과 자기장을 이용해서 '페닝 트랩'이란 특수 장치에 반입자를 띄웠어요. 과학자들이 반입자를 가장 오래 보관한 기간은 57일이지만, 장치를 껐을 때 반물질 입자가 순식간에 싹 사라졌어요. 이제 목표는 신기한 입자에 대해 더 많이 알아서 기발한 방법으로 이용할 수 있도록 더 오랫동안 반물질을 저장하는 거예요. 예를 들면, 풍력발전과 태양열 전지에서 얻은 청정에너지를 저장하는 아주 강력한 건전지를 만들거나 별들 사이를 날아다니는 우주선에 연료를 공급하는 것처럼요.

우주적 사실

최근 실험에 따르면 어떤 입자는 (일정한 규칙 없이) 물질과 반물질로 번갈아 바뀔 수 있어요. 이 과정은 한쪽으로만 더 많이 일어나서, 반물질이 물질로 변하는 경우가 그 반대보다 더 많이 생겨요. 일상 세계에 있는 물건 대부분이 반물질이 아니라 물질로 이뤄진 이유이기도 하죠. 그런데 온 세상이 반물질로 만들어졌다면, 아마도 어떤 차이도 알아채지 못할 거예요. 일반 원자를 반물질로 바꾼다면, 반사람들이 반샌드위치를 먹으며 돌아다니고 반집에 살더라도 아무도 신경 쓰지 않거든요.

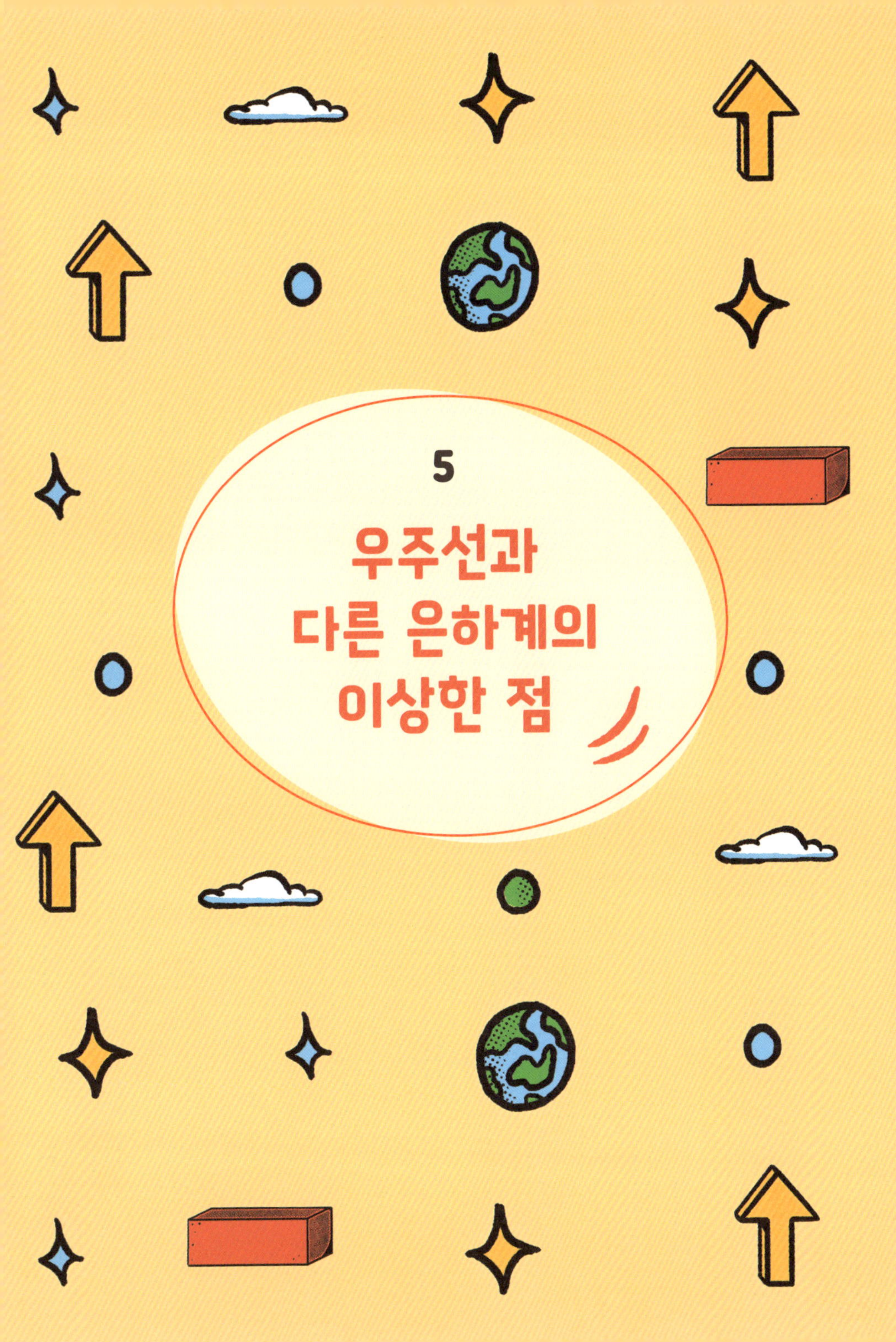

5

우주선과 다른 은하계의 이상한 점

천체물리학자가 엄청나게 큰 망원경으로 밤하늘을 바라보면 단순히 별빛만 보이는 게 아니에요. 빛의 속도에 가깝게 날아오는 아원자 입자와 높은 에너지의 방사선도 만나죠. 우주에서 온 이런 작은 손님 덕분에 감마선 폭발, 초신성, 다른 거대한 우주 폭발의 비밀을 밝혀냈어요. 천체물리학자들은 발견하는 것에 완전히 푹 빠져서 이런 것을 찾아요. 우주에 무엇이 있고 우리가 어떻게 생겨났는지 궁금하거든요. 나는 아빠에게 별에 관해 처음 질문한 이후로 지구 밖에 무엇이 있는지 알고 싶다는 호기심을 멈춘 적이 한 번도 없었어요. 우주에서 온 이 신비한 배달원을 만나서 자세히 알아볼까요?

우주선(cosmic ray, 우주살)

우주선은 우주에서 지구로 날아오는 에너지가 높은 작은 입자입니다. 우주선은 1초에 약 30만 km를 이동하는 빛의 속도만큼 빠르게 움직여요. 우주선 대부분은 양성자 1개로 이루어져 있는데, 양성자 2개와 중성자 2개가 결합한 것(헬륨 핵)도 있죠. 아주 작은 부분은 전자나 더 무거운 원자의 핵이에요. 대개는 양전자와 반양성자예요.

다행히도 지구의 대기와 자기장은 대부분의 우주선으로부터 우리를 보호하고 있어요. 우주선이 우리 몸을 통과하면 원자에서 전자를 떨어뜨려서 세포가 망가지고 유전 물질(DNA)이 변할 수 있어요. 그러면 암에 걸려서 심장, 혈관, 뇌가 나빠질 수 있죠. 지구 주위에 이런 보호막이 있어서 참 다행이에요. 그렇지 않다면 우리 행성은 이렇게 살기 좋은 곳이 아니었을 테니까요.

우주선은 대기를 통과할 때 우리가 숨 쉬는 공기를 구성하는 질소, 산소, 이산화탄소(CO_2) 분자와 충돌해요. 이런 충돌로 중성자, 뮤온, 중성미자(자세한 내용은 58쪽에)와 같은 색다른 입자가 생기죠. 이런 입자들은 원래의 우주선이 우리 몸에 해를 끼치지 않도록 지켜 줘요. 이렇게 보이지 않는 입자가 펼치는 불꽃 쇼를 '우주선 샤워'라고 해요. 한번 상상해 보세요!

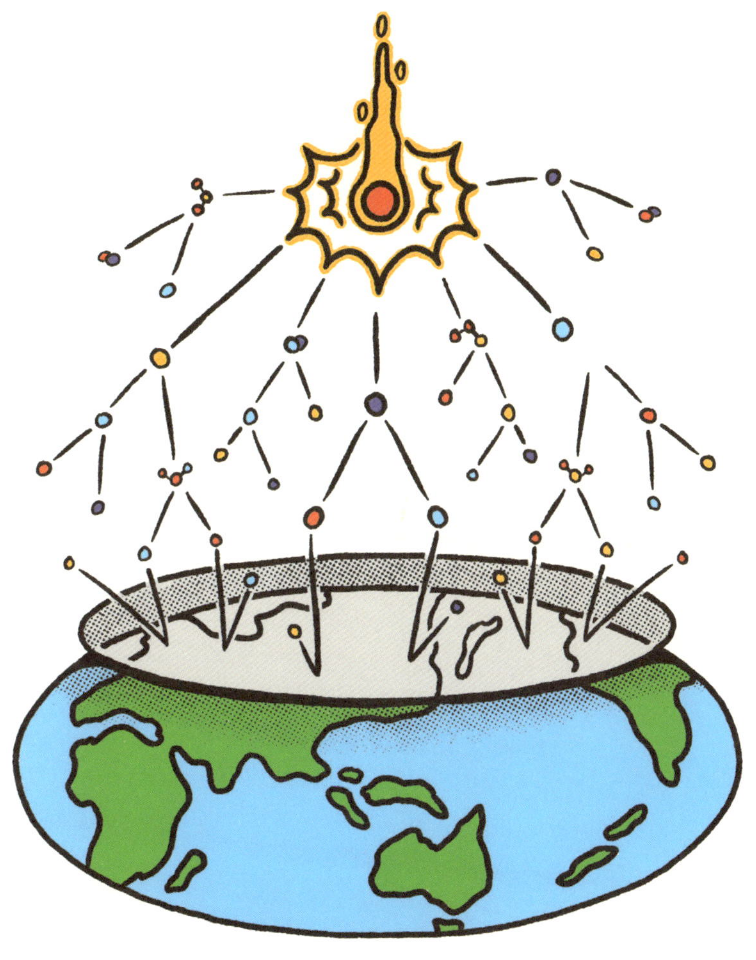

오랫동안 달까지 우주여행을 하는 우주비행사는 번쩍거리는 이상한 빛을 봤다면서, 눈을 감았는데도 보였다고 전했어요. 눈알을 통과한 우주선에서 나오는 빛 같다면서요. 우주를 여행하는 사람이 지구 보호막을 벗어났기 때문에 생기는 현상이에요. 미래에 먼 우주로 가는 임무에서 우주비행사는 위험한 우주 방사선을 막아 주는 물질로 우주선, 우주복, 달 기지를 감싸서 이런 작은 두려움으로부터 안전하게 지켜 줘야만 해요.

땅 위에 있는 과학자들은 다양한 방법으로 우주선을 찾아냅니다. 우리 과학자들한테는 우주선이 지나갈 때 전류가 생기는 실리콘 감지기가 있어요. 또한 우주선이 빛줄기를 남기는 물이 가득 채워진 물탱크로 감지하거나 우주선이 대기를 통과할 때 생기는 형광 빛을 관찰하는 특수 망원경으로 우주선을 찾아낼 수도 있어요.

우리가 보는 많은 우주선은 태양에서 나오고 있어요. 태양 표면 근처에서는 강한 자기장이 양성자를 우주로 쏘아 보내고 있어요. 이런 엄청난 폭발을 '태양 플레어(태양 표면 폭발)'라고 해요.

우주적 사실

지금까지 관찰된 가장 에너지가 높은 우주선은 1991년에 미국 유타주에서 우주선 카메라로 발견한 오마이갓(OMG) 입자였어요. 우주선 입자가 지구 대기에 부딪힐 때 나오는 희미한 자외선을 이 카메라로 찾아냈어요. 이 우주선의 엄청난 에너지는 320,000,000,000,000,000,000 전자볼트(3.2×10^{20}eV)라고 짐작되었어요. 이 정도는 지구에서 입자가속기로 만드는 어떤 입자보다도 약 천만 배나 더 에너지가 높아요.

또한 우주선은 초신성(폭발 별)처럼 엄청난 폭발이 하늘에서 일어날 때 나타나요. 별은 스스로 분열하면 자연적으로 입자가속기가 되어 상상할 수 없는 엄청난 힘으로 양성자를 은하계에 쫙 날려 버리죠!

때로는 우리은하 밖의 아주 먼 곳에서 오는, 에너지가 아주 높은 우주선을 드물게 감지하기도 해요. 별명이 '제바트론'인 이 초고에너지 입자는 **초대질량 블랙홀**에 의해 속도가 빨라졌어요. 거의 모든 대형 은하 한가운데에 존재하는, 초대질량 블랙홀은 태양보다 질량이 수백만 배 더 무거운 거대한 블랙홀이에요.

지금, 이 순간에도 먼 은하계의 강력한 블랙홀에서 나오는 작은 입자가 여러분의 머리를 스쳐 지나갈 수 있어요. 놀랍지 않나요?

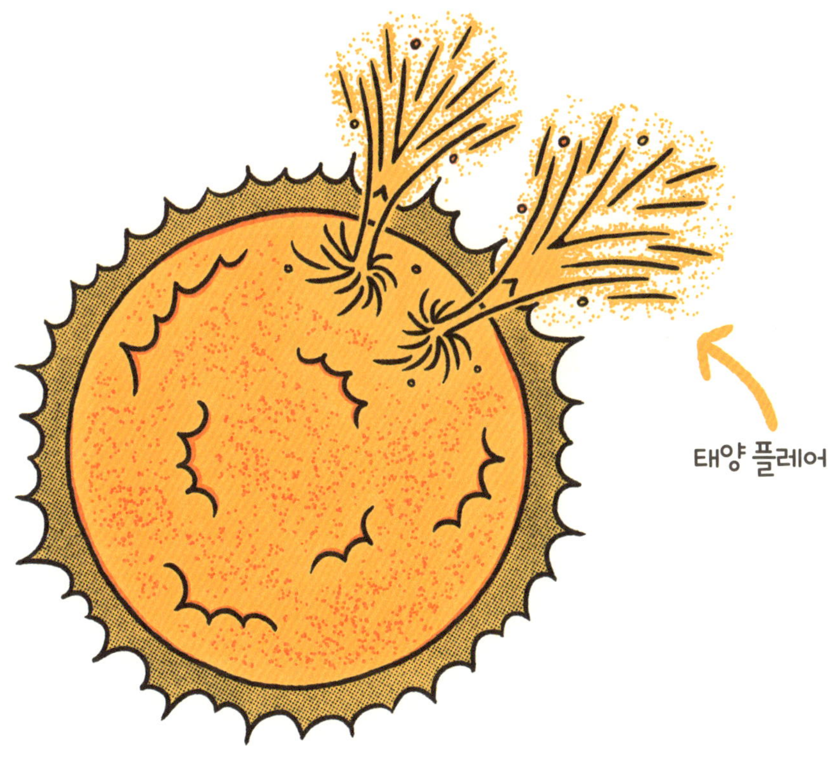

감마선

우주에서 온 또 다른 신비한 입자는 감마선이에요. 감마선은 빛보다 에너지가 10만 배나 많은, 가장 에너지가 큰 전자기파입니다. 감마선은 너무 빨리 움직여서 빛처럼 일상생활의 물건에 반사하지 않고, 그냥 휙 통과해 버려요. 사실 감마선은 얇은 금속판을 통과할 수 있어요. 두께가 1m인 콘크리트판도 통과하죠!

감마선이 우리 몸에 닿으면, 원자에서 전자가 떨어져 나가서 건강이 매우 나빠질 수 있어요. 그런 이유로 지구를 둘러싼 매우 두꺼운 대기는 그야말로 생명을 구해 주는 보호막이죠.

우주는 감마선이 넘쳐나요. 감마선은 태양 플레어, 펄서(회전하는 작은 별), 초신성, **블레이자**(거대한 블랙홀이 있는 별이 많은 은하)처럼 엄청난 현상이 일어나는 곳에서 생겨요. 감마선을 감지하려면 지구 대기 밖의 높은 곳에 망원경을 설치해야 해요. 왜냐하면 공기 중의 산소와 질소 분자가 지구에 들어오는 거의 모든 감마선을 막거든요.

지금까지 우주에서 관측된 가장 강력한 폭발은 '**감마선 폭발**'이라고 해요. 이때 뜻밖에도 감마선이 10밀리초(밀리초는 1000분의 1초)에서 몇 시간 동안에 번쩍거리면서 별처럼 밝게 나타나죠. 핵이 붕괴하면서 블랙홀이 되는 별이 폭발할 때 대부분의 감마선이 나온다고 해요!

우주적 사실

감마선은 우리에게 해를 끼칠 수 있지만, 도움을 주기도 해요. 감마선은 질병을 진단하고, 뇌처럼 접근하기 어려운 곳의 암세포를 죽이는 데 쓸 수 있거든요. 감마선은 의료 기구를 소독하고, 음식에 든 세균을 죽이고, 화재경보기로 불을 감지하는 데도 쓰여요.

중성미자

이번 장에서 마지막으로 만나볼 작은 우주 입자는 **중성미자**입니다. 중성미자는 지구 너머에서 끊임없이 흘러들어오는 렙톤에 속하는 입자예요. 중성미자는 물리 세계의 착한 유령이라 불릴 정도로, 알지 못하는 사이에 여러분 몸을 쓱 통과해요. 사실 수조 개의 중성미자가 바로 지금 여러분을 통과하고 있어요! 다행히도 중성미자는 우리 몸을 통과할 때 몸속 전자에 부딪히거나 건드리지 않아서 전혀 해롭지 않아요.

중성미자는 무게가 거의 없어요. 예전에는 중성미자에 무게가 아예 없다고 생각했지만, 이제는 모래알 하나보다 수백억 배나 가볍다는 것을 알아요.

중성미자는 앞을 막는 거의 모든 장애물을 통과할 수 있어서 탐지하기가 어려워요. 중성미자를 탐지하려면, 지하 깊이 판 굴에 중성미자가 지나갈 때 드물게 생기는 빛줄기 1~2개를 커다란 액체 탱크에 담아두는 방법밖에는 없어요. 이런 지하 굴에서는 흙과 바위로 중성미자 탐지기를 덮어서 신호를 헷갈리게 하는 다른 방사선을 막아 줍니다.

중성미자는 태양과 다른 별에서 일어나는 핵반응으로 생기며, 우주선이 공기에 부딪칠 때 나오기도 해요. 중성미자는 전자중성미자, 뮤온중성미자, 타우중성미자 등 세 종류가 있어요. 가끔 우주를 지나갈 때 중성미자의 종류가 '바뀔' 수도 있죠!

별이 초신성으로 폭발할 때 중심에서 가장 먼저 나오는 것이 중성미자입니다. 다른 방사선은 폭발하는 별 표면에 도달하려면 수천 년이 걸리거든요. 초신성에서 나온 중성미자가 앞에 놓인 것을 모두 뚫고 곧장 날아가니까, 천문학자에게는 미리 알려 주는 '조기 경보 시스템'과 비슷해요. 천문학자가 곧 폭발할 별을 향해 재빨리 망원경을 둔 채, 앞으로 펼쳐질 화려한 불꽃 쇼를 기다릴 테니까요.

우주적 사실

남극에 있는 아이스큐브 (IceCube) 중성미자 검출기가 열심히 일하고 있어요. 이 검출기는 (얼음이 아주 많은!) 남극에서 최대 2.5km 깊이에 설치한 5000개가 넘는 광검출기로 중성미자를 찾고 있어요. 우리은하나 그 너머에서 온 중성미자가 얼음과 서로 작용하면 작은 빛의 흔적이 생기니까, 사진으로 찍어서 하늘에서 중성미자가 온 곳을 밝혀낼 수도 있어요.

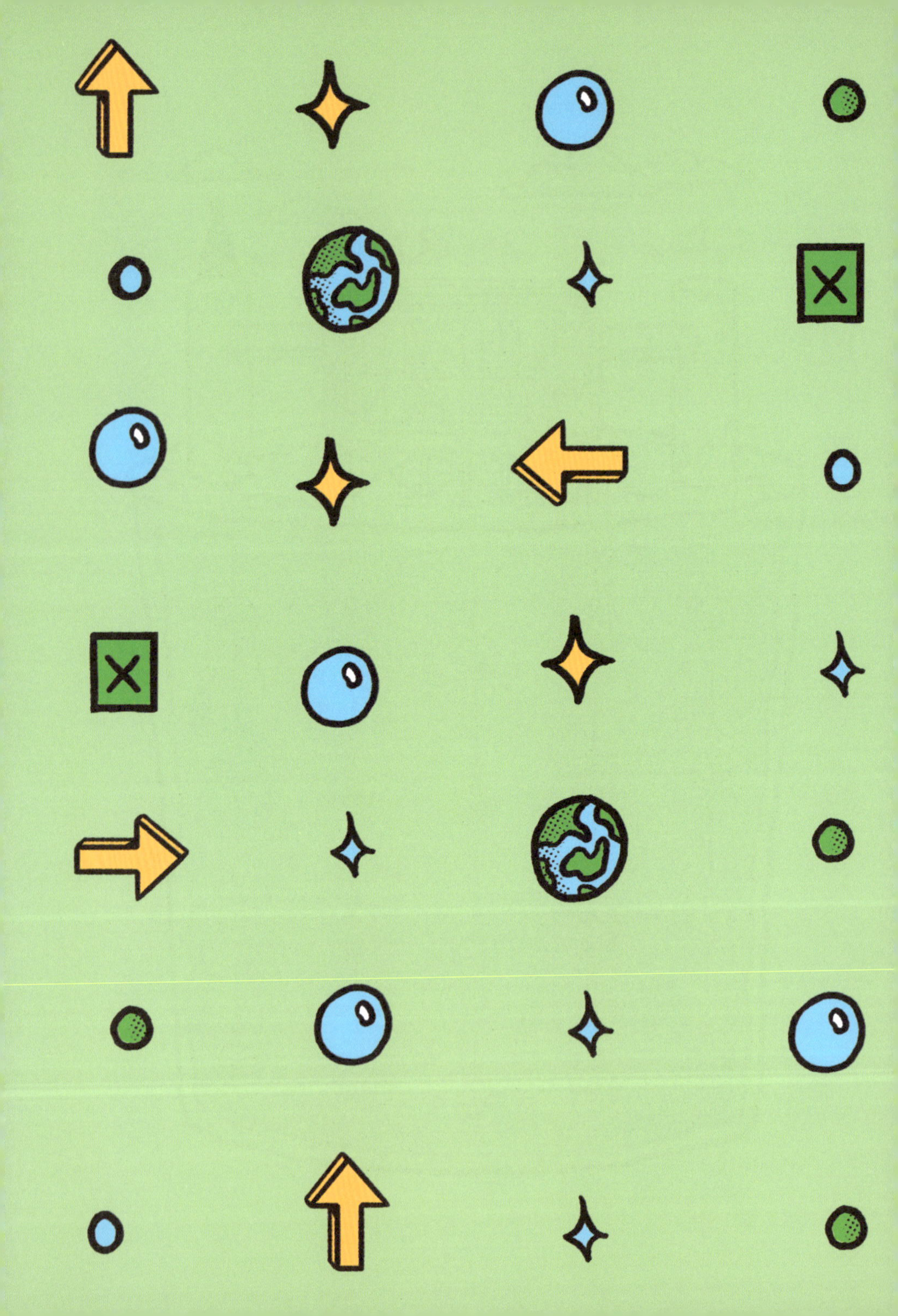

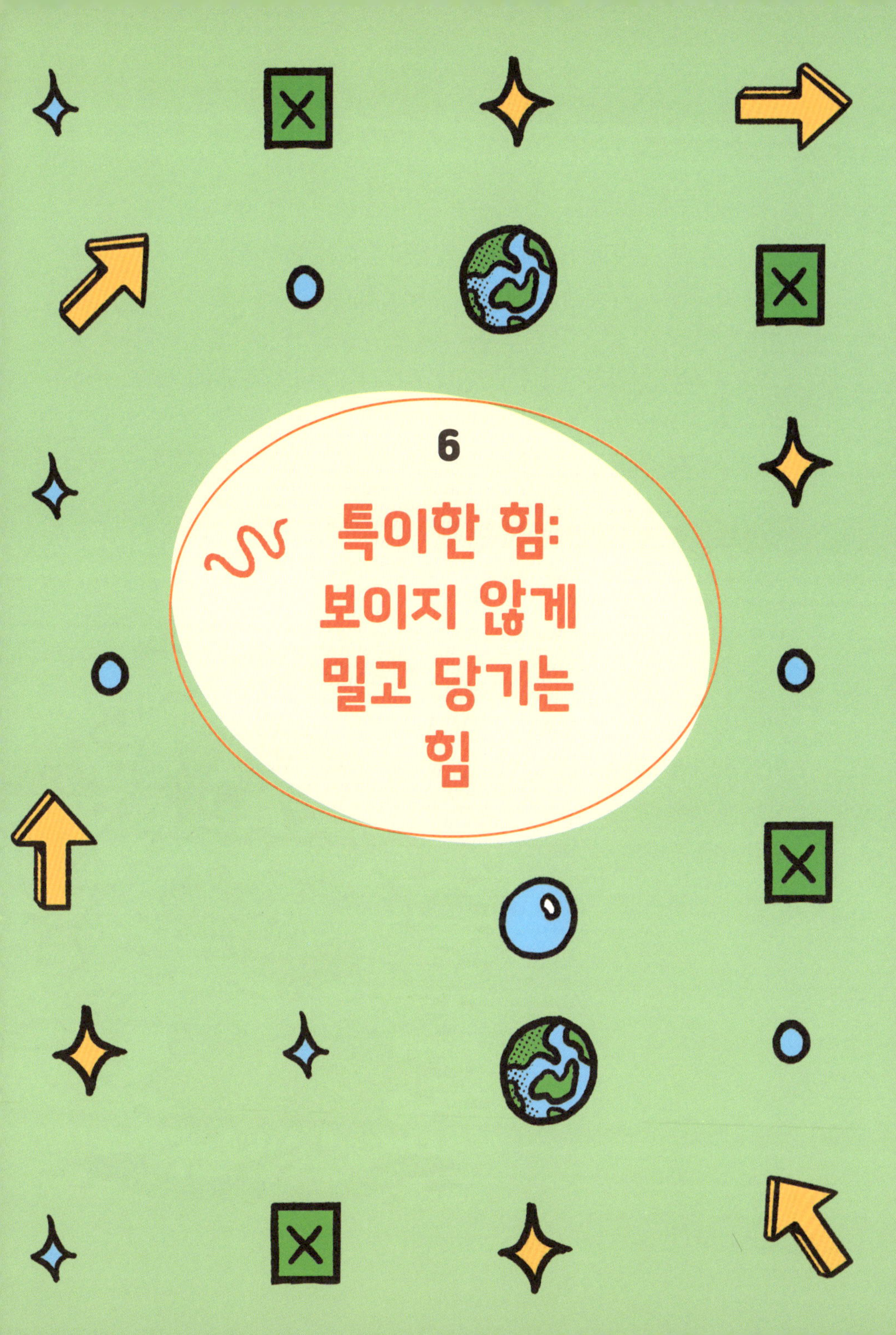

6 특이한 힘: 보이지 않게 밀고 당기는 힘

자연은 우주에서 모든 것을 밀고, 당기고, 부딪히고, 빛나고, 구부리고, 번쩍이게 하는 네 가지 기본적인 힘을 우리에게 줬어요. 이런 힘이 없었다면, 별과 행성, 열이나 빛도 없었을 거예요. 당연히 사람도 없었겠죠! 모든 것이 그냥 떠다닌 채 상호작용을 하지 않았을 거예요 (조금 지루하겠네요!). 여기에서는 그중 강력(강한 상호작용), 약력(약한 상호작용), 전자기력을 만나볼 거예요. 네 번째 힘인 중력은 너무 유별나서 7장에서 따로 다룰게요.

글루온으로 결합하는 강력

입자가 어떻게 더 큰 것을 만들려고 서로 붙어 있는지 궁금한 적이 없었나요? 그리고 서로 붙어 있지 않다면 어떻게 될까요? 어쩌면 여러분과 주변의 모든 것이 사라질지도 몰라요.

이런, 그럼 안 되는데….

가장 작은 단계에서 우리를 하나로 묶어 주는 힘이 '**강력**'이에요. 바로 가장 작은 입자(쿼크)가 서로 결합하도록 끌어당기는 힘이죠. 강력은 중력보다 100조 배 이상으로 강해요. 강력은 쿼크가 절대로 혼자 있지 않도록 이상한 방식으로 작용해요. 이게 오히려 다행이죠. 그렇지 않았다면 양성자, 중성자, 원자, 우리 몸과 지구는 존재하지 않았을 테니까요.

그럼, 강력은 어떻게 작용할까요?

강력은 '글루온'이란 특별하면서 아주 이상한 입자에 의해 발생해요. 글루온은 질량이나 크기가 없는 보손이지만, 강력의 매개체로 효과가 강해요.

쿼크는 글루온을 자주 주고받아요. 글루온은 10톤 트럭 무게와 맞먹는 힘으로 쿼크를 결합하죠! 글루온과 강력이 없다면, 양성자, 중성자, 원자나 분자는 존재하지 않았을 거예요. 이들 입자가 우리를 구성하는 물질이니까, 아주 중요하다는 점을 꼭 알아두세요.

우주적 사실

강력이 없다면, 우리는 존재하지 않았을 거예요. 우리 몸 3분의 2는 산소로 이뤄져 있어요. 산소 원자의 핵에는 모두 양전하를 띤 양성자가 8개 있어요. 양전하가 서로 밀어내므로 산소 핵이 곧바로 떨어져야 하죠. 다행히도 강력이 구해 주러 와서 모두 붙여 줬어요. 휴!

약력

강력보다 훨씬 약한 상호작용은 '**약력**'이라고 불러요. 바로 이게 과학이죠. 이 힘으로 양성자와 중성자가 원자핵에서 하나로 붙어 있어요. 강력이 글루온으로 생겼듯이, 약력은 W와 Z보손이란 입자에 의해 발생해요. 이들은 (힘을 전달하는) 보손 계열에 속하는 소립자예요. 질량이 없는 글루온과 달리, W와 Z보손은 쿼크보다 수천 배나 더 무거워요. 이들이 모두 존재하는 가장 작은 물질인 소립자이긴 하지만요.

지금까지 이 책을 읽으면서 양자 세계가 좀 이상하다고 느꼈을 거예요. 영화 <스파이더맨>의 주인공 피터 파커가 스파이더맨으로 변신하는 것처럼, 양성자는 약력 덕분에 중성자로 변할 수 있어요.

왜냐하면 양성자와 중성자가 성질을 바꿀 수 있는 쿼크로 이뤄져 있거든요. 중성자 속의 위쿼크가 (약력을 전달하는 입자 중 하나인) W보손을 내보내면, 아래쿼크가 됩니다. 그러면 중성자가 양성자가 되어, 원자의 성질이 모두 바뀌죠.

우주적 사실

혼자 있는 쿼크는 절대로 찾을 수 없어요. 왜 그럴까요? 강력과 반대쪽으로 당겨서 쿼크 한 쌍을 떨어뜨리고 싶으면, 고무줄이 쭉 늘어나듯이 많은 에너지를 써야 해요. 이 에너지가 빠르게 새로운 쿼크로 변해서, 반쿼크 한 쌍이 불쑥 나타나죠. 기억하나요? 우리는 $E = mc^2$ 방정식으로 에너지가 물질로 변할 수 있고 그 반대로도 일어난다는 사실을 알았잖아요. 새로 생긴 쿼크 하나가 기존의 쿼크 하나와 친해져서, 결국 쿼크 한 쌍이 된답니다. 세상에!

예를 들어, 탄소 원자 내부에서 이런 일이 일어나면 탄소는 곧바로 전혀 다른 물질인 질소로 변해요.

이 놀라운 사실은 정말로 작은 물질에만 작용하는 약력 때문이죠. 일상생활에서는 전혀 알아채지 못해요.

혹시 원자가 모양을 바꾸는 게 왜 중요한지 궁금한가요? 약력은 방사능을 발생시켜 지구 생명체의 역사를 연구하는 데 도움이 되기 때문이에요! 화석에 대해 들어본 적이 있나요? 화석은 한때 지구에 살았던 식물, 바다 생물, 동물이나 새와 같은 생명체의 흔적이나 형태가 오래된 바위에 보존된 거예요. 과학자들은 방사능을 이용해서 이런 흔적이 얼마나 오래됐는지 알아내죠. 이를 통해 우리는 지구상의 생명체 이야기를 짜맞춰서 공룡과 오래전에 멸종한 다른 생물이 살았던 시기를 알아낼 수 있어요.

어떻게 그럴까요? 과학자들은 화석이 발견된 바위에서 방사능 물질의 양을 측정해요. 과학자는 그 방사능 원소가 얼마나 빨리 붕괴(다른 원소로 변하는 것)하는지 아니까, 화석으로 남은 것이 얼마나 오래되었는지를 알 수 있어요. 가장 오래된 공룡 화석은 약 2억 3천만 년이나 되었어요!

봐요, 양자물리학은 정말 멋지죠?

스파크와 자석의 성질을 지닌 전자기력

레이저, 나침반, 번개, 얼음의 공통점이 뭘까요? 확실해 보이지 않을 수도 있지만, 모두 **전자기력**에 의해 만들어져요.

전자기력은 우리 주위에 있어요. 세상을 밝히는 전자기파, 지구를 둘러싼 자기장, 폭풍우가 올 때 하늘에 번개를 일으키는 전기스파크, 물 분자가 차가울 때 서로 붙어서 얼음을 만드는 결합 등은 모두 전자기력으로 일어났어요.

'전자기'라는 말을 나눠서 설명할게요.

'전자'는 전하를 띤 입자로, 반대 전하는 서로 끌어당기고 같은 전하는 밀어내는 성질이 있어요. 전자처럼 대전 입자(전기를 띤 입자)가 움직이는 것을 '전류'라고 불러요. 전자가 원자 사이에서 자유롭게 움직이는 구리 선에서 전류가 생길 수 있어요. 건전지와 같은 전원을 더하면 전자가 구리 선을 통과하면서 전류가 생기죠. 이렇게 휴대전화, 컴퓨터, 텔레비전, 조명과 같은 모든 기기에 전력을 줄 수 있어요.

또한 천둥번개를 일으키는 뇌운에서도 전류가 발생할 수 있어요. 물방울과 공기 분자가 충돌하면 전자가 원자에서 떨어져 나와요. 그러면 구름 아래쪽에 음전하가 생기는데, 너무 강해져서 떨어져 나갈 때까지 음전하가 쌓여요. 수많은 대전 입자가 전하 차이를 없애려고 땅으로 후드득 떨어져요. 공기가 열과 빛을 내며 터져요. 꽝! 바로 번쩍거리는 번개죠.

그럼 '전자'는 이렇고, '자기' 부분은 어떨까요?

아마 살면서 한 번쯤 자석을 접해 봤을 거예요. 어쩌면 장난감이나 과학 시간 또는 냉장고에 붙은 자석에서 봤을 거예요. 자성을 띤 물체는 마법처럼 서로 달라붙거나 밀어내는 성질이 있어요. 그러면 어떤 일이 일어날까요?

우주적 사실

지구는 커다란 자석이에요. 지구자기장은 지구 중심 근처에서 커다란 철과 니켈(금속 종류) 덩어리가 녹은 채 빠르게 돌면서 생겨났어요. 지구자기장은 우주까지 멀리 뻗어 있어서 우주 방사능으로부터 우리 행성을 보호하고 있어요. 지구자기장이 없었다면 우주 방사능이 우리에게 해를 끼쳤을 거예요.

참, 전자가 아주 작은 자석 역할을 한다는 것이 밝혀졌어요. 철과 같은 몇몇 물질에서는 다른 방향보다 한 방향을 향하는 전자가 더 많아요. 그런 이유로 철이 자석의 성질이 있어서 냉장고에 착 붙어요. 종이와 같은 물질에서는 전자가 아무 방향이나 향해서 자기장이 사라져요. 그래서 자석을 쓰지 않으면 종이가 냉장고에 붙지 않아요!

다른 자석으로는 전류가 자기장을 만들 때 생기는 '전자석'이 있어요. 전자석이 없다면, 스마트폰, 스피커, 헤드폰도 없고, 생명을 구하는 많은 의료용 진단장치도 없었을 거예요.

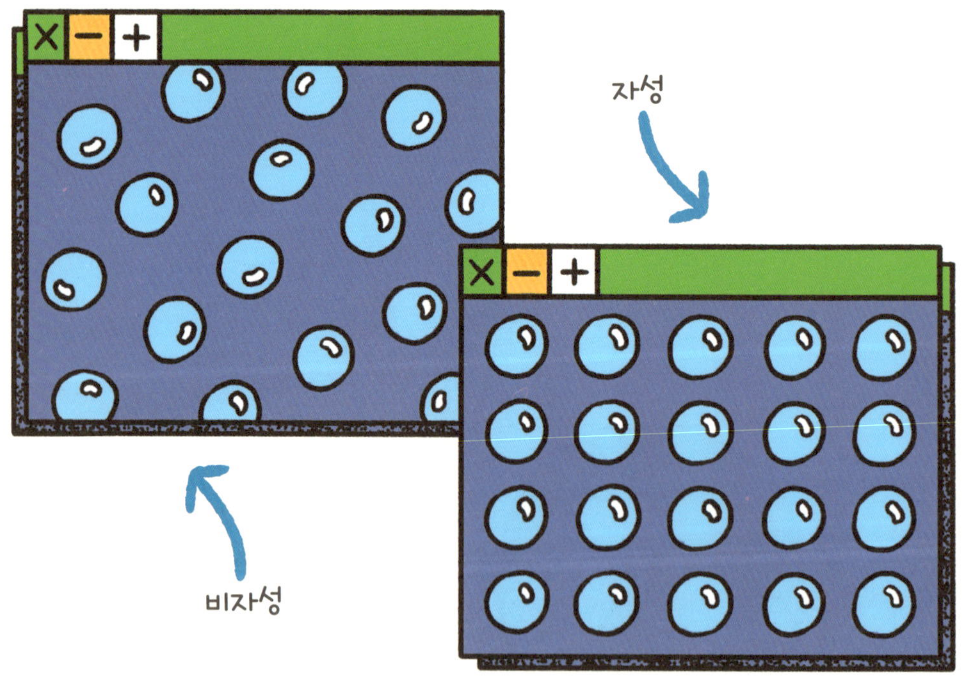

이제까지 다음과 같은 힘을 만나봤어요.

- 작은 입자를 서로 붙여 주는 강력
- 원자의 성질을 바꿔 주는 약력
- 세상을 움직이는 빛과 스파크를 만드는 전자기력

이제 자연계 힘 중에서 아마 가장 익숙한 네 번째 힘, 중력을 만나볼까요?

7

질량, 중력 그리고 상대성이론

얼마나 높이 뛸 수 있어요?

1993년에 쿠바의 하비에르 소토마요르 선수는 245cm 높이를 뛰어넘어서 세계 신기록을 세웠어요. 배구 네트만큼이나 높아요! 자나 줄자로 245cm가 얼마나 높은지 확인해 보세요. 그렇게 하늘 높이 날아오르는 모습이 상상이 가나요?

높이 뛰는 것이 어려운 이유는 **중력**이란 보이지 않는 힘 때문이에요. 중력은 지구가 태양 주위를 돌고, 별이 블랙홀에 빨려 들어가고, 우리 우주에 흐르는 어마어마한 중력파(자세한 내용은 80쪽 참조)를 일으키는 힘과 같은 힘이에요.

우리가 6장에서 만난 다른 힘과 마찬가지로, 과학자들은 중력이 어떻게 작용하는지 이해하려고 노력했어요. 그래서 우리는 행성과 위성, 그리고 우주에 있는 거의 모든 것을 만드는 힘에 대해 많이 알 수 있어요. 거기다가 중력을 제대로 이해한다면, 어쩌면 반중력 부츠와 같은 멋진 신발을 발명하거나 여기 지구에서 무중력 상태로 떠다니는 경험을 할 수 있을 거예요! 아직 중력을 정확하게 설명하지는 못하지만, 지금까지 얻은 아주 놀라운 통찰력 덕분에 놀이기구와 롤러코스터를 만들고, 먼 행성에 무인 우주선을 보내고, 달에 사람을 착륙시킬 수 있었어요!

질량이 있는 물체에 작용하는 중력

질량은 물체가 지닌 고유한 양입니다. 우리가 아는 가장 가벼운 입자는 위쿼크예요. 위쿼크가 3백만 조 개 있으면 1kg인데, 밀가루 한 봉지와 무게가 같아요. 자동차의 질량은 약 1천 kg이에요. 지구의 질량은 무려 5.9×10^{24}kg(5자 9700해 kg)이에요. 이런 물체는 모두 다 크기에 따라 중력이 생겨요. 질량이 클수록, 중력이 더 세죠.

질량은 어디서 생길까요?

1960년에 과학자들은 우주가 '힉스장'이란 보이지 않는 에너지장으로 가득 차 있을지도 모른다고 생각하기 시작했어요. 힉스장은 과학자 피터 힉스의 이름을 따서 지어졌어요. 이 이론에 의하면, 힉스장에서는 빠르게 나타났다가 사라지는 '힉스 보손'이란 입자가 만들어져요. 힉스 보손은 광자, 글루온, W와 Z보손처럼 힘을 전달하는 매개 입자예요.

이 이론에 따르면 입자는 이런 보이지 않는 에너지장과 반응해서 입자의 종류에 따라 일정한 양의 질량을 얻어요. 힉스장이 없다면, 어떤 것도 무게가 없어서 모든 입자가 빛의 속도로 날아다닐 거예요!

우주적 사실

질량과 무게는 달라요. 지구에서는 흔히 무게가 얼마나 나가냐고 얘기하지만, 무게는 장소에 따라 달라져요. 달에서는 여러분의 무게가 지구에서보다 약 6분의 1이에요. 달이 지구보다 훨씬 작아서 달의 중력도 지구보다 작기 때문이에요. 여러분의 질량은 여러분 몸에 얼마나 많은 것이 있는지 측정하는 보편적인 기준이라서 절대로 변하지 않아요.

48년간 조사한 끝에, 힉스 보손은 2012년에 마침내 입증되었어요. 스위스 제네바에 있는 유럽입자물리연구소(CERN) 과학자들은 양성자를 최대한 세게 부딪친 뒤 충돌로 생긴 입자를 연구했어요. 과학자들은 힉스장이 존재한다면 10억 번 충돌할 때마다 1개 정도의 힉스 보손이 생긴다는 사실을 알았어요. 수년간 양성자를 서로 충돌시키다가 드디어 몇 개가 나왔거든요! 과학자들이 예상했듯이, 힉스 보손은 질량, 스핀, 전하, 색전하 등의 성질을 정확히 갖고 있었어요. 이로써 힉스장이 정말로 존재한다는 사실을 증명했어요.

아래로 끌어당기는 중력!

이제 우리는 질량이 힉스장에서 생긴다는 것을 알았어요. 그런데 중력이 정확히 뭘까요?

과학적으로 중력을 가장 정확히 설명하는 방법은 100년도 훨씬 전에 알베르트 아인슈타인이 알아낸 '일반상대성이론'이에요. 일반상대성이론도 대부분의 과학 이론처럼 수학식이 많지만, 쉽게 이해하는 다른 방법이 있어요.

일반상대성이론의 기본 원리는 '중력이란 실제로 두 물체가 서로를 향해 떨어지게끔 하는 휘어진 공간의 영역'이라는 거예요. 그런데 공간은 정확히 어떻게 휘어질까요? 엄청나게 큰 물체는 주변 공간을 구부러뜨려요. 트램펄린 위에 놓인 볼링공이라고 상상해 봐요. 무거운 볼링공으로 매트가 '움푹' 들어가요. 구슬이 트램펄린 표면을 따라 구르면 볼링공 쪽으로 떨어지거나, 구슬이 빠르게 움직인다면 주변의 휘어진 길로 떨어져요.

뭔가가 떠오르나요?

나는 태양계가 생각났어요. 태양이 볼링공이면, 행성들이 태양 주위를 도는 구슬인 셈이죠. 하지만 트램펄린과 달리 우주에서는 행성이 태양 쪽으로 떨어지지 않아요. 거의 영원히 궤도를 따라 돌 뿐이죠.

행성도 각자 자기만의 궤도를 만들어요. 화성에서는 휘어진 주변에 위성과 소행성까지도 잡아두고 있어요.

우주적 사실

지구의 중력은 강해요. 사실 너무 강해서 로켓이 있어야 지구의 강한 중력을 이겨냅니다. 중력은 지구 주위를 도는 달과 모든 인공위성을 잡고 있어요. 이제 높이뛰기에서 세계 기록을 깨기가 어려운 이유를 알겠죠!

중력렌즈

물체가 공간을 휘어지게 한다는 사실은 매우 이상하지만, 이로써 우리 천체물리학자가 먼 우주 사진을 찍을 때 알아챈 몇 가지 기이한 점을 설명할 수 있어요.

우리가 성능 좋은 망원경으로 먼 은하계 사진을 찍을 때 가끔 은하계가 이상한 줄무늬나 고리나 뒤틀림으로 일그러졌어요. 때로는 같은 사진에서 같은 은하를 여러 번 발견하기도 했어요! 진짜 이상해요!

우주가 일그러지는 이런 왜곡 현상은 은하단처럼 매우 무거운 물체가 주변 공간을 휘어지게 할 때 일어났어요. 이렇게 무거운 천체로 인해 공간이 구부러져 보이는 현상을 '중력렌즈'라고 불러요. 공간이 휘어지면 그 주변 빛이 지나가는 길도 휘어져요. 그러면 중력렌즈 뒤에 놓인 물체를 볼 때 이상한 모양과 고리, 얼룩이 생길 수 있어요.

우주적 사실

돋보기나 안경을 사용하면 중력렌즈가 어떻게 일어나는지 직접 확인할 수 있어요. 이 책에 렌즈를 대고 거리와 각도를 바꿔 보면서 글자가 일그러지는지 살펴봐요.

중력파

또한 공간이 휘어져서 ‘중력파’가 생기기도 해요. 중력파는 물체가 속도를 올리거나 늦추거나 방향을 바꿔서 공간에 생기는 파동입니다. 우리가 움직일 때도 중력파가 생기지만, 이런 중력파의 간섭이 너무 작아 눈치채지 못해요.

우리는 블랙홀이나 펄서와 같은 무거운 물체로 인해 생긴 중력파를 측정할 수 있어요. 두 개의 블랙홀이 우주에서 서로의 주위를 돌 때 빛의 속도로 날아가는 중력파가 생겨요. 중력파가 사방으로 보낸 작은 파동은 지나가는 길에 있는 것을 모조리 방해해요.

거대한 별이나 은하 또는 지구 등 모든 것은 바다에서 배가 파도에 넘실거리듯이 우주에서 이런 파동을 타고 있어요. 그 움직임이 너무 작아서 눈치채지 못해요. 강력한 중력파가 양성자 너비의 천분의 1만큼 물체를 움직일 정도로 작거든요. 양성자는 너비가 0.00000000000000084미터(0.84×10^{-15})예요.

그 거리가 상상하지 못할 정도로 작더라도, 중력파 검출기로 측정할 수 있어요. 이 기발한 기계는 거울에 반사하는 레이저빔을 이용해서 중력파가 지나갈 때 엄청나게 작은 움직임을 측정해요.

우리는 아직도 중력에 대해 모르는 게 많지만, 이미 아는 진짜 이상한 현상을 바탕으로 알아가는 일은 신나는 여정일 거예요!

8

시간에서 일어나는 이상한 현상

우리는 별처럼 무거운 물체가 주변 공간을 휘어지게 한다고 배웠어요. 이 현상이 아주 이상하다고 인정하죠? 그런데, 지금 이야기는 훨씬 더 이상하다고 말해 둘게요. 왜냐하면 무거운 물체가 공간을 휘어지게 했듯이, 시간도 휘게 하거든요. 시작해 볼까요?

시간이란 뭘까요?

과학자와 철학자들은 시간이 시작된 이래로 이 문제를 줄곧 곰곰이 생각했어요.

인간으로서 우리는 시간을 자연스럽게 이해하는 것 같아요. 여러분에게 이 책을 내려놓고 10분 뒤에 다시 읽으라고 하면, 아마 잘할 거예요. 우리는 가끔 시간에 잘 속아요. 지루하면 시간이 느리게 지나가는 것처럼 느끼거나 재밌게 놀면 시간이 빨리 지나가는 것처럼 느끼니까 말이에요.

어떻게 시간이 그렇게 빠르거나 느리게 지나갈 수 있을까요? 과학자와 철학자들도 이 질문을 골똘히 생각했어요. 그리고 시간이 진짜인지 아니면 마음속에만 있는 건지 궁금증만 남았죠. 답은 여러분이 상상하는 것보다 더 이상해요.

휘어지는 시간

기억하나요? 크고 무거운 물체가 휘어지게 하는 것은 공간만이 아니라는 것을요. 시간도 휘어지게 한답니다. 이제 트램펄린

위에 놓인 볼링공을 다시 보면, 공간과 시간이 실제로 볼링공 주위에서 휘어져 있어요.

즉, 은하나 별 또는 행성과 같은 커다란 물체 근처에서는 우리가 시간을 어떻게 느끼는지가 달라진다는 뜻이에요.

여러분은 말도 안 된다고 생각하겠죠. 하지만 사실이에요. 시간은 무거운 물체 근처에서 다르게 흘러요. 무거운 물체에 가까울수록, 시간이 더 느리게 지나가죠!

그러니까 지루하다면, 지구 중심의 중력에서 멀리 떨어진 가장 높은 산에 올라가 봐요. 거기에서는 시간이 조금 더 빨리 지나갈 거예요.

우주적 사실

과학자들은 1976년에 아주 정확한 시계 두 개로 이 이론을 실험했어요. 하나는 지구에 두고, 다른 하나는 지구에서 1만 km 떨어진 우주에 뒀다가 지구로 다시 가져왔어요. 과학자들은 두 시계의 시간 차이를 확인하고서 시간이 지상에서 더 느리게 지나간다는 사실을 증명했어요. 놀랍게도 그 차이는 10억분의 1초 미만으로 예상과 정확히 일치했어요.

특수상대성이론

1905년에 일반상대성이론을 생각해 낸 알베르트 아인슈타인이 훌륭한 이론을 또 내놓았어요. 바로 특수상대성이론이에요. 특수상대성이론은 움직이는 물체가 질량, 공간, 시간을 어떻게 다르게 겪는지에 관한 이론이에요. 기본 원리는 움직이는 물체가 정지한 물체와 시간이 다르게 흐른다는 점이에요. 예를 들면, 트럭 뒤에 시계를 올려놓았다고 해 봐요. 트럭이 멀어지면서 가만있던 때보다 시계의 초침이 더 느리게 똑딱거리는 것을 볼 수 있어요. 시계가 실제로 느려지는 게 아니라, 관찰자(바로 여러분)한테서 시계의 움직임이 가까워지거나 멀어져서 일어나는 현상이에요.

이런 현상은 어떻게 일어날까요?

폭풍우 치는 밤에 기차역에 서 있다고 상상해 봐요. 기차가 지나갈 때 갑자기 기차에 번개가 두 개 내리쳤어요. 하나는 앞쪽에, 다른 하나는 뒤에 떨어졌어요. 이들 번개에서 나온 빛은 빛의 속도로 이동해서

여러분 눈에 동시에 도달했어요. 여러분이 봤을 때 번개는 정확히 동시에 내리쳤어요.

이제, 기차 안에는 다른 사람이 객차 중간에 앉아 있어요. 이 사람은 뭘 볼까요?

이 사람도 여러분과 똑같이 볼 거라고 상상할지도 몰라요, 그렇죠? 하지만 이 사람은 앞으로 움직이는 기차에 앉아 있다는 점을 잊지 마세요. 이 사람은 앞쪽에 떨어진 번개에서 나온 빛이 눈에 들어올 때쯤에 이미 그쪽으로 이동했어요. 즉, 기차 뒤쪽에 떨어진 번개 빛이 앞쪽의 번개 빛보다 더 멀리 이동해야 해요. 그러므로 기차에 탄 사람은 뒤쪽 번개를 보기 전에 앞쪽 번개를 봤어요. 기차역에 있는 여러분이 번개가 정확히 동시에 기차에 내리쳤다고 했는데도 말이에요!

그럼, 누가 맞을까요? 그게 사실, 둘 다 맞아요! 절대시간이란 없으니까요. 관찰하는 것은 얼마나 빨리 움직이고 어떤 방향이냐에 따라 달라져요. 모두 상대적이죠.

무거운데

$E = mc^2$ 방정식을 기억하나요?

- **'E'는 에너지에요.**
- **'m'은 질량이에요.**
- **'c^2'는 빛 속도의 제곱이에요. 빛의 속도는 초속 299,792,458 미터(1초에 약 30만 km)입니다.**

에너지와 질량은 물질이 같은데 종류가 두 개라는 뜻이에요. 에너지는 질량으로 변할 수 있어요. 예를 들어 과학자는 실험실에서 광자(전자기파)를 충돌시켜서 전자와 양전자와 같은 입자를 만들었어요. 질량도 에너지로 변할 수 있어요. 마치 태양의 핵에서 4백만 톤이 넘는 수소가 1초마다 에너지로 변하는 것처럼요!

$$E = mc^2$$

또한 움직일수록 조금 더 무거워진다는 뜻이기도 해요. 더 빨리 움직일수록 더 무거워져요. 빛의 속도도 너무 빠르면, 질량이 끝없이 무거워지니까 빨라질 수가 없어요. 빛의 속도가 가장 빠른 속도인 이유죠. 굉장하죠!

9

블랙홀

7장과 8장에서 알아봤듯이, 별과 같은 거대한 물체는 시공간을 휘어지게 하죠. 마치 트램펄린 위에서 볼링공이 표면을 휘어지게 하는 것처럼요. 행성과 위성처럼 더 작은 물체는 너무 가까워지면 안쪽으로 빨려 들어가서 떨어지거나 별 주위를 맴돌 수 있어요. 그런데 우주에 바닥이 안 보이는 구멍을 만들 정도로 아주 작고 무거운 물체를 만들 수 있다면 어떨까요?

우주에 바닥이 안 보이는 구멍이라고요! 앗, 정말로 가능할까요?

네, 그럴 수 있다고 밝혀졌어요.

별은 중심핵에서 태울 원자를 다 써버리면 살아남으려고 핵융합반응을 멈춰요. 핵융합이 일어나지 않아서 별이 더는 빛나지 않아요. 별을 밖으로 이끄는 에너지가 없으면, 안쪽으로 끌어당기는 중력이 갑자기 작용해서 별의 중심핵이 붕괴하죠.

이 놀라운 과정은 너무나 갑작스러워서 몇 분의 1초밖에 걸리지 않아요. 별이 줄어들면서 입자가 서로 아주 꽉 뭉쳐져요. 그러면 양성자와 중성자 사이에 작용하는 강력이 더 가까워지지 않게 막아요.

별의 중심핵이 태양 질량의 3배보다 가벼우면, 강력이 이겨서 물질이 다시 튀어나와요. 그러면 별이 초신성으로 폭발해요. 별의 중심핵이 태양 질량의 3배보다 무거우면, 중력이 이겨요. 그러면 별이 계속 붕괴해서 마침내 질량이 모두 무한히 작은 점으로 뭉쳐지죠.

그게 바로 **블랙홀**이에요. 어떤 것도 빠져나올 수 없는, 끝없이 깊은 중력 구멍이죠. 빛도 빠져나오지 못해요. 더 정확하게 말하면 전자기파도 빠져나올 수 없어요.

으아~악! 우리가 블랙홀에 빨려 들어간다는 말인가요?

당황하지 말아요. 블랙홀을 지나가더라도 저절로 빨려 들어가지는 않아요. 왜냐하면 블랙홀은 아주 가까이 있을 때만 중력이 강하게 작용하거든요.

블랙홀 주위에는 돌아오지 못하는 지점을 표시한, 보이지 않는 특별한 경계선인 '사건의 지평선'이 있어요. 물체가 사건의 지평선 너머로 움직이면 안에 갇혀 버리죠. 블랙홀이 무거울수록, 사건의 지평선이 더 커져요.

태양이 아주 무겁지 않아서 일어날 가능성이 없지만, 만약에 붕괴해서 블랙홀이 된다면, 여러분이 3km 이내로 아주 가까워야만 빨려 들어갈 거예요.

우주적 사실

초대질량 블랙홀은 태양의 질량보다 수백만 또는 수십억 배나 더 무거워요. 초대질량 블랙홀은 수없이 많은 별이 모여 있는 은하계 중심에 있어요. 초대질량 블랙홀은 평생 별을 간간이 빨아들여요.

하지만 몇몇 더 큰 블랙홀은 훨씬 멀리 떨어진 물체를 빨아들일 수 있으므로 거리를 두는 게 가장 좋아요. 때때로 은하 중심에서는 별들이 산산조각 나서 배고픈 초대질량 블랙홀에 삼켜지기도 하거든요.

블랙홀을 볼 수 있을까요?

네. 볼 수 있어요. 대체로 블랙홀이 보이지 않더라도 세 가지 방법으로 발견할 수 있어요.

1. 궤도를 도는 별 관찰하기

우리는 망원경을 우리은하 중심으로 향하게 두면, 음악 없이 디스코를 추는 것처럼 텅 빈 우주 공간 주위를 맴도는 이상한 별 무리를 발견해요. 멋진 물리 계산으로 이 별들이 숨은 물체 주위를 돌고 있다는 것을 알아냈어요. 이 조용한 물체는 태양보다 4백만 배나 무거우며, 우리은하 중심에 있어요. 바로 궁수자리 A*(A별)이라는 초대질량 블랙홀이에요.

2. 별에서 나온 가스가 빨려 들어갈 때

블랙홀이 별을 '집어삼키면', 물이 배수구로 콸콸거리며 흘러 내려가듯이 별의 가스가 블랙홀 주위를 빙글빙글 맴돌아요. 별은 사건의 지평선(블랙홀의 경계선)으로 떨어질 때 수억 도까지 뜨거워지면서 전파와 엑스선이 나와요. 이때 성능 좋은 망원경으로 우주로 방출되는 방사선을 볼 수 있어요.

3. 사진 찍기

블랙홀 바깥에서 이 뜨거운 가스가 윙윙거리는 동안에, 과학자들은 이전에 한 번도 해 보지 않았던 블랙홀 사진 촬영에 도전했어요. 전 세계에 설치한 망원경으로 가까운 은하 중심에서 나오는 전파를 찍었어요. 어려운 일이었지만, 마침내 2019년에 처음으로 블랙홀의 생생한 모습을 담는 데 성공했어요.

블랙홀은 주황색의 작은 도넛처럼 보였어요. 왜 그럴까요? 그 이유는 사건의 지평선 바깥에서 빛나는 뜨거운 물질을 찍었는데, 중력렌즈(블랙홀 주위에서 휘어짐)로 인해 빛의 고리가 흐릿하게 보였기 때문이에요. 사건의 지평선 안쪽에는 뭐든지 갇혀 있어서 블랙홀 한가운데에 어둡고 둥근 그림자가 남았어요.

우주적 사실

블랙홀 주위의 가스는 사실 주황색이 아니에요. 실제로는 우리 눈에 보이지 않아요. 전파 망원경으로 사람 눈에 보이지 않는 전파를 찍었기에 천문학자가 '가짜 색'을 사진에 입혔어요. 그래야 전파가 사람 눈에 보인다면 어떤 모습일지 볼 수 있으니까요.

블랙홀에 빠진다면 무슨 일이 일어날까요?

엑스선에 휩싸이거나 뜨거운 가스에 타거나 끝없이 깊은 구멍에 빠질 수 있으니까, 블랙홀을 피해야 한다는 말을 아직도 받아들이지 않았다면, 블랙홀이 여러분 몸에 미칠 중력 효과를 살펴볼게요.

유난히 강한 중력을 가진 별만 한 크기의 블랙홀이 다가오고 있다고 해 봐요. 여러분이 가까이 다가가면 어마어마한 힘에 몸이 늘어나고 짓눌리기 시작할 거예요. 온몸이 국수 가락처럼 가늘고 길어지죠. 이를 '국수 효과'라고 해요!

블랙홀이 시공간에 영향을 미치므로, 여러분이 블랙홀에 빠지는 모습을 안전한 거리에서 지켜보는 사람에게는 시간이 천천히 멈춰서 여러분이 천천히 멈춘다고 볼 거예요.

그런데 이상하게도 여러분은 시간이 완전히 정상적으로 지나간다고 느껴요. 아마도 몸이 국수로 변했다는 사실이 신경 쓰이긴 하더라도요.

블랙홀이 결국에는 모조리 삼켜 버릴까요?

어쩌면요….

과학자들은 수백만 조 시간이 지난, 아주 아주 먼 미래에 그런 일이 일어난다고 봐요. 그때는 모든 별과 행성이 사라지고 오직 블랙홀만 남을 거라고 내다봤어요. 그 시점에 우주는 너무 많이 팽창해서 블랙홀 대부분이 아주 멀리 떨어져 있을 거예요. 즉, 블랙홀이 다른 물체를 만나지 못하니까 삼켜 버릴 게 아무것도 없겠죠. 배고픈 블랙홀로 가득한 우주를 보고 싶지는 않아요!

이때쯤에는 우주가 차갑고 모든 게 멀리 떨어져 있어서, 블랙홀이 서서히 사라지기 시작할 거예요.

사라진다고요? 블랙홀에서 어떤 것도 빠져나갈 수 없으면 어떻게 블랙홀이 사라질 수 있을까요?

여기서 양자물리학의 이상한 효과가 나타나죠.

블랙홀 주변의 공간이 휘어지므로, 과학자들은 블랙홀이 끊임없이 방사선을 내보낼 거로 예측했어요. 어떤 것도 블랙홀에서 물리적으로 빠져나가지 못해도, 시간이 지나면서 블랙홀이 서서히 줄어든다는 뜻이에요.

다시 말해서, 블랙홀이 아주 천천히 사라져요. 아주 일반적인 블랙홀은 이 과정이 수천만 조 년이 걸릴 거예요. 그러니까 여러분, 이런 이야기는 어쩌면 아주 이상해요.

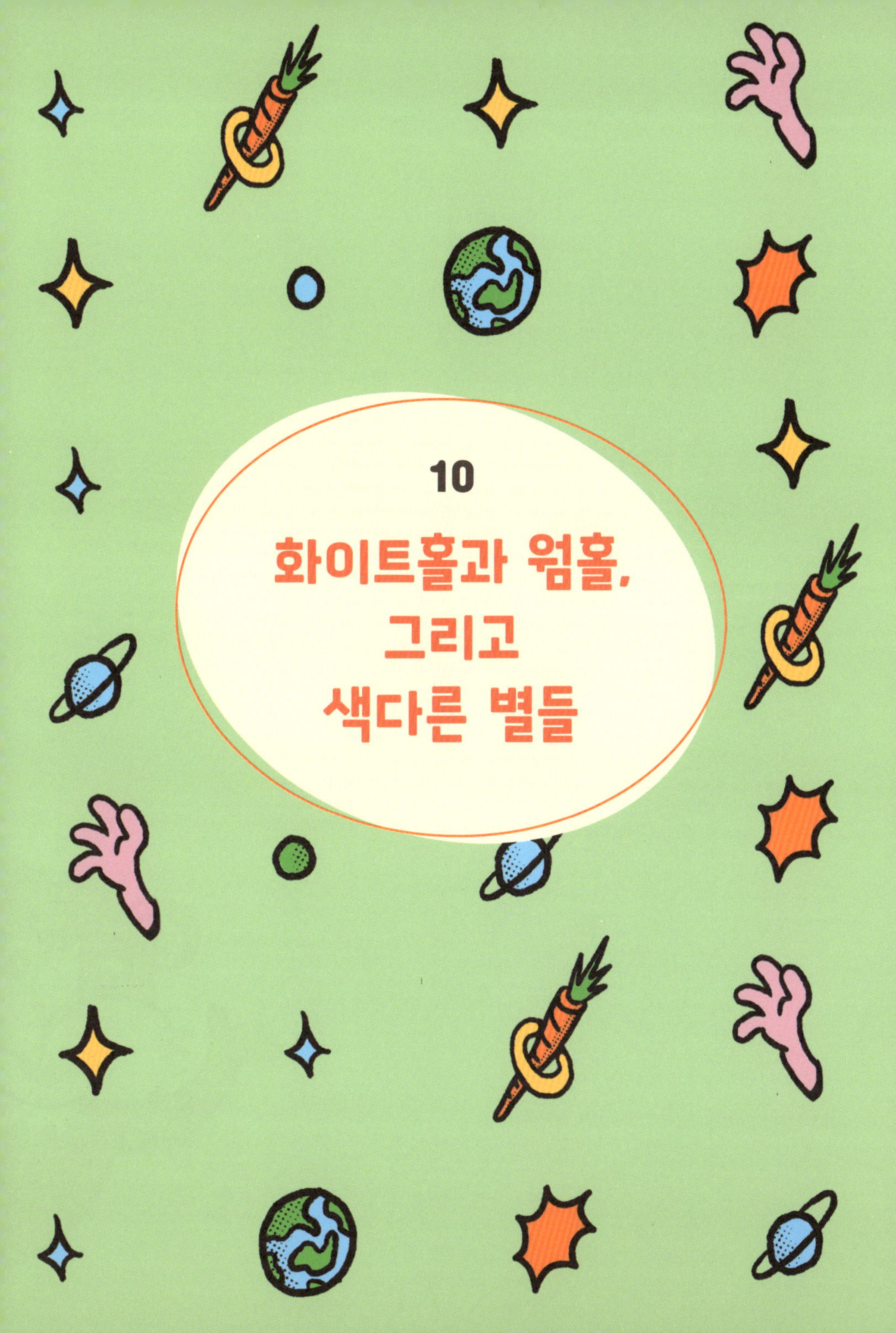

10

화이트홀과 웜홀, 그리고 색다른 별들

우리는 쿼크, 스파크, 작은 양자 입자, 보이지 않는 힘, 시공간의 왜곡 등 우주의 신비를 살펴봤어요. 이런 것들이 아무리 이상하더라도 바로 지금 여러분이 들고 있는 책처럼 모두 다 실제로 존재해요. 그런데 몇몇 초현실적인 우주 물체는 이론물리학자의 생생한 상상력으로 만들어졌어요. 이론물리학자는 '…라면 어떻게 되지?'라고 묻는 일을 하는 과학자랍니다.

이들은 자연법칙이 특별한 방식으로 작용한다면 무엇이 존재할지를 상상해요. 그다음에 독창적인 새 이론을 내놓고 실험한 뒤에 잘 맞지 않은 이론을 버려요. 때로는 블랙홀, 중력파, 힉스 보손에서 그랬듯이, 그런 예측이 옳다고 증명되었어요. 우리가 상상한 이상하고 놀라운 물체가 실제로 있다고 밝혀졌죠. 다른 경우에는 우리가 상상한 물체가 전혀 존재하지 않거나 발견하기가 너무 어려웠어요.

과학적으로 우주에 있다고 예측한 가장 특이한 우주 물체들을 만나볼까요?

화이트홀

화이트홀은 우주에 있는 (상상하거나 아직 실제인지 알려지지 않은) 가상의 물체입니다. 물질과 빛이 내부에 갇히는 블랙홀과 반대 개념인 화이트홀에서는 내부 물질이 밖으로 흘러나오지만, 다시 돌아가지는 못해요.

화이트홀이 존재할까요? 처음에 화이트홀 안에 물질이 어떻게 들어갔을까요?

아직은 아무도 화이트홀이 어떻게 생겨났는지 과학적 이론을 내놓지 않았어요. 그래서 천문학자가 추구하는 진지한 이론보다는 가능성으로 남아 있어요. 우주에는 화이트홀이 될 만한 밝은 물체가 다양하게 있는데, 각각의 설명이 다 그럴듯했어요. 따라서 수수께끼는 계속되죠.

웜홀

시공간이 있는 두 곳 사이에 터널을 만들 수 있다고 상상해 봐요. 먼 행성으로 날아가서 외계인을 만날 건가요? 아니면 과거로 돌아가서 공룡을 만날 건가요? **웜홀**이라는 시공간 포털은 아직 발견되지 않았지만, 존재한다면 우주에서 서로 다른 장소를 자유롭게 여행할 수 있을 거예요. 진짜 굉장하지 않나요?

웜홀은 약 100년 전에 과학자들이 전자기장과 물질이 어떻게 서로 작용하는지 알아내려고 했을 때 나온 이론이에요. 어떤 현대 물리학자는 웜홀이 블랙홀(물질이 빠지는 곳)과 화이트홀(다른 장소와 시간으로 나오는 곳)을 연결한다고 설명해요.

웜홀이 실제로 존재할까요?

매일 우주를 관찰하는 동안에 우리가 통과할 수 있는 웜홀이 있다는 증거를 찾지 못했어요. 웜홀이 진짜로 있다면, 과거나 미래 또는 우주 먼 곳에서 온 사람들이 우리를 줄곧 찾아오지 않았을까요?

다른 한편으로는 우리가 아직 발견하지 못했다고 해서 그것이 존재하지 않는다는 것은 아니에요.

내 생각으로는 웜홀이 존재하기 어려울 것 같지만, 이런 신기한 포털을 발견해서 먼 우주를 여행한다면 굉장할 거예요. 여러분은 어떻게 생각하나요?

우주적 사실

어떤 물리학자는 아주 작은 웜홀이 항상 불쑥 나타났다가 사라진다는 의견을 내놓았어요. 다른 과학자들은 웜홀이 존재한다면 불안정해서 자체 중력으로 빨리 붕괴할 거라고 주장했어요. 어느 쪽이든 증명하기란 쉽지 않아요.

쿼크 별

천체물리학자는 상상력이 아주 풍부해요. 우리는 입자물리학 세계에 새로운 발견이 등장하면, 때때로 이런 특이한 성분에 관한 천문학적 가능성을 내놓기도 하죠. 힘을 운반하는 입자인 쿼크와 다른 특이한 물질이 밤하늘에 나타날 수 있을까요? 우주에서 보이지 않게 숨어 있을 법한 이상하고도 별난 별을 만나볼까요?

첫 번째 이상한 별은 **쿼크 별**이에요. 2장에 나온 쿼크를 기억할지도 모르겠네요. 쿼크는 소립자로, 우리가 아는 가장 작은 입자 중 하나예요. 쿼크는 3개씩 모여 양성자와 중성자와 같은 입자를 만들어요. 쿼크 별은 오로지 자유 쿼크로 만든 특별한 종류의 별이에요. 자유 쿼크는 입자를 만들려고 다른 두 쿼크와 결합하지 않고, 맘대로 돌아다니는 쿼크입니다.

아직은 쿼크 별이 실제로 있는지 알아내지 못했지만, 별이 초신성으로 폭발할 때처럼 굉장히 높은 온도와 압력을 받은 평범한 별이 특이한 '쿼크 물질' 덩어리로 으깨진다는 이론이 있어요. 천문학자들은 입자 충돌 실험으로 쿼크 물질이 실제로 존재할 수 있다는 힌트를 살짝 얻어서, 여전히 이렇게 천문학적으로 이상한 물체를 찾고 있어요.

기묘체별

또 다른 별난 별에는 '**기묘체별**(기묘한 항성)'이 있어요. 네, 정말로 이런 이름이에요. 기묘체별은 아주 작은 입자인 쿼크의 여섯 종류 중 하나인 기묘쿼크로 이뤄져 있어요. 몇몇 과학자는 아주 높은 압력을 받은 쿼크가 서로 으깨져서 사실상 부서질 수 없는 물질인 '기묘 물질'을 만든다고 예측했어요.

이 부분은 논란이 많지만, 몇몇 이론에 따르면 기묘 물질이 다른 물체에 닿으면 그 물체도 기묘 물질로 변한다고 해요. '기묘체'라는 기묘 물질의 작은 조각이 기묘체별에서 빠져나올 수 있다면, 우리 우주를 파괴할 수 있는 연쇄반응을 일으켜서 모든 것을 기묘 물질로 바꿀 거예요.

이 위험한 물질이 우주를 파괴할까요? 우리가 걱정할 필요는 없을 거예요. 어쨌든 우주에는 기묘 물질로 파괴되지 않는 수십억 개의 별과 행성이 있으니까, 조만간 세상이 끝나는 연쇄반응이 일어날 가능성은 없을 것 같아요.

보손 별

일반적인 별은 전자, 양성자, 중성자로 이뤄져 있어요. 최근에는 일부 과학자들이 '보손'이라는 다른 입자로 이뤄진 별이 밤하늘에 숨어 있을지도 모른다고 예측했어요.

우리는 6장에서 보손을 만났어요. 보손은 우주 전체에 걸쳐 힘과 에너지를 전달하는 입자입니다. 여기에는 중력의 힉스 보손, 전자기력의 광자, 강력의 글루온, 약력을 전달하는 W와 Z입자가 포함되죠. **보손 별**이 존재한다면, 아마도 일반적인 별의 중심핵이 안정된 상태가 끝날 때쯤 붕괴하면서 만들어졌을 거예요. 일부 과학자들은 별이 블랙홀을 만들 정도로 아주 크지 않으면, 그 물질이 크고 어두운 보손 덩어리를 만들 수 있다고 예측해요.

보손 별이 실제로 있을까요? 천문학자들은 보손 별 발견으로 이어질 수 있는 두 가지 증거를 찾았어요.

첫 번째 증거는 한 쌍의 블랙홀로 여겨졌던 별에서 생성된 중력파에 있어요. 일부 과학자들은 시공간의 파동이 잘 맞지 않는다고 생각하며, 이 신호가 실제로 보손 별 한 쌍에서 나온다고 생각했어요. 두 보손 별은 충돌해서 하나로 합쳐질 때까지 점점 더 가까이 소용돌이쳤어요.

보손 별이 존재할 만한 또 다른 증거는 '빈' 공간처럼 보이는 데를 맴도는 평범한 별의 발견이었어요. 보이지 않는 물체의 중력이 우주에서 춤추듯이 별을 빙빙 흔드는 것 같았어요. 그 별은 옆에 블랙홀이 있다고 예상한 것보다 더 천천히 궤도를 돌고 있어요. 어떤 천문학자는 숨은 물체가 보손 별일 수 있다고 의견을 내놓았어요. 하지만 증거가 아직 충분하지 않아요.

보손 별은 어떻게 생겼을까요?

보손 별은 블랙홀처럼 주변의 별을 끌어당기지만, 사건의 지평선은 없어요. 보손이 완전 새까맣더라도 중심에 빠진 것이 뭐든지 바깥에서 보인다는 뜻이에요. 다시 말해서 보손 별은 어둡지만, 속이 들여다보인다고 예측되어요. 상상하기 어렵나요? 그건 모두가 마찬가지예요!

우주의 무한한 가능성

우주에 존재할 만한 이상하고, 특이하며, 진짜 별난 물체에 관한 이론은 무수히 많아요. 이론은 과학자들이 수학과 과학 지식뿐만 아니라 호기심과 창의력도 발휘해야 한다는 것을 보여 주죠. 우주의 무한한 가능성을 생각할 때, 여러분은 어떤 이상한 천체를 상상할 수 있나요?

우주적 사실

보손 별에 떨어지는 물질은 마지막에 별 중심으로 굴러떨어지기 전에 커다랗게 빛나는 도넛 모양의 고리를 만든다고 예측했어요. 그러니까 다음에 밤하늘을 보면, 보이지 않으면서 속이 들여다보이는 도넛을 찾아보세요. 인생에서 중요한 과학적 발견을 하게 될지도 몰라요.

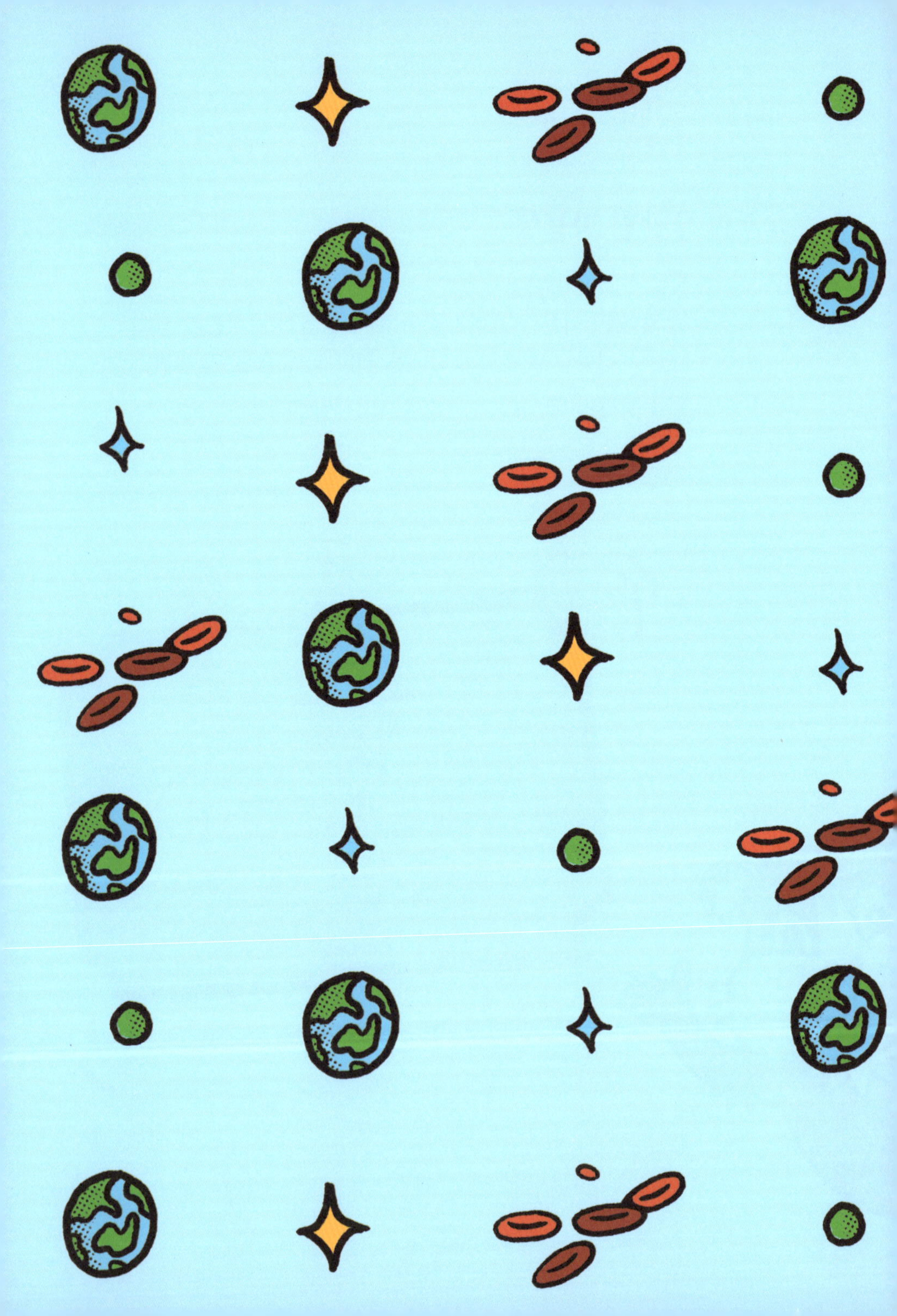

11

이상한 양자 세계

아직도 머리가 어지러운가요?

이 책에서 만난 것들은 이상하고 재미있어 보이지만, 일상생활과 동떨어져 보일 수도 있어요. 그런데 사실 양자물리학은 아주 현실적이에요.

우리 세상은 쿼크, 보손, 광자, 다른 미세한 입자로 이뤄져 있어요. 우리 몸의 원자는 강력과 전자기력으로 결합해 있어요. 태양은 약력으로 양성자가 중성자로 변하니까 빛나는 거예요. 우리 주변 세상은 보이지 않는 힘의 장과 휘어진 시공간으로 가득 차 있어요. 이런 현상이 우리보다 훨씬 더 크거나 작은 규모로 일어나서 알아채지 못할 뿐이죠.

방사선, 물질, 힘을 과학적으로 연구하는 물리학을 이해함으로써 우리가 당연히 여기는 많은 발명품이 나올 수 있었어요. 전기, 조명,

전화기, 컴퓨터, 가스레인지, 전자레인지, 전기난로, 에어컨, 인터넷, 카메라, 헤드폰, 스피커, 텔레비전, 자동차, 비행기 등등 그 목록은 끝이 없죠.

이런 물건이 없는 삶을 상상해 봐요.

게다가 작은 입자의 이상한 반응을 이용한 '**양자 기술**'이란 새로운 발명으로 더 놀라운 것을 만들 수 있어요!

양자 기술

과학자들은 이제 입자의 이상하고 괴상한 성질을 이용해서 우리 세상을 바꾸는 발명품을 만들려고 애쓰고 있어요.

이러한 신기술에는 양자 세계의 이상한 반응을 이용해서 정보를 저장하고 처리하는 양자 컴퓨터가 있어요. 일반 컴퓨터는 실리콘으로 만든 작은 스위치를 이용해서 1 또는 0으로 정보를 저장하는데, 이를 '이진 데이터'라고 해요. 양자 컴퓨터는 입자를 이용해서 정보를 저장하며, 동시에 여러 다양한 형태로 저장할 수 있어요. 그러면 일반 컴퓨터보다 훨씬 더 뛰어난 양자 계산을 할 수 있어요.

양자 컴퓨터는 만들기 어렵고, 지금 있는 것은 아주 기본적인 수준이에요. 하지만 과학자들은 더 나은 양자 컴퓨터를 만들려고 열심히 노력하고 있어요. 머지않아 오늘날 우리가 쓰는 컴퓨터보다 양자 컴퓨터의 성능이 훨씬 더 뛰어날 거라고 기대하고 있어요. 우리는 번개처럼 빠른 양자 컴퓨터로 질병 치료, 날씨 예측, 기후 변화 이해와 같은 중요한 문제를 해결하는 데 필요한 '지적 능력'을 얻을 수 있어요. 또한 양자 컴퓨터 덕분에, 학습하는 더 똑똑한 컴퓨터를 개발해서 우리 힘으로 하는 것보다 더 빠르게 일을 더 잘할 수 있어요.

우리가 살면서 볼 법한 놀라운 발명품을 상상해 봐요. 예를 들면, 우주, 바다 밑, 화산 또는 공룡을 만나러 과거로 돌아가는 실제로 체험하는 듯한 가상현실 여행을 상상해 보세요! 여러분이 내 나이가 될 때쯤에는 선생님과 함께 컴퓨터한테 배우고, 똑똑한 컴퓨터와 친구처럼 서로 말을 주고받을지도 몰라요. 컴퓨터 친구와 놀고 싶나요?

여러분의 역할

이 책에 나온 놀라운 과학적 발견은 여러분과 같은 사람들이 해냈어요. 과학자와 엔지니어는 오랫동안 배우고, 어려운 문제를 풀고, 새로운 발견을 해냈어요. 더 자세히 알고 싶다면, 서점이나 도서관에 가서 과학과 기술에 관한 책을 샅샅이 찾아봐요!

양자물리학, 천문학, 양자 기술을 사용하는 다양한 직업이 있어요. 이런 분야에서 일하고 싶으면, 수학과 과학, 디자인과 기술, 컴퓨터 기술, 공학(설계와 건축) 등에 관심을 가져 봐요. 이런 과목은 여러분이 양자 세계에 관한 깊은 지식을 배우고 지구를 더 나은 방향으로 변화시킬 수 있는 새로운 실험을 떠올리도록 도와줘요. 또한, 다른 수업도 관심을 둬야 해요. 왜냐하면 좋은 과학자는 글을 잘 쓰고, 발견한 것을 설명하고, 협력과 잘 듣는 능력으로 다른 사람한테서 배울 수 있어야 하거든요.

앞으로 몇 년 동안 어떤 과학적 발견이 이루어질지 기대가 돼요. 여러분의 여정에 행운이 있기를 바라요. 재밌게 지내면서 계속 탐구해 봐요!

우주적 사실

입자의 이상한 양자 성질을 이용하면, 서로 다른 장소로 입자를 물리적으로 보내지 않아도 두 곳 간에 정보를 전할 수 있어요. **'양자 순간이동'**이라는 이 기술은 레이저(특수 광선)에 정보를 부호로 바꿔야 해요. 미래에는 이렇게 멋진 기술을 이용해서 양자 컴퓨터 간에 전보를 전달하는, 강력한 '양자 인터넷'을 만들 수 있어요. 양자 인터넷에서는 아주 빠른 속도로 온라인에서 거의 모든 것을 할 수 있어요!

알아두면 좋은 내용

양자 세계를 여행하다 보면 이런 표를 발견할 수 있어요. 이 '**원소주기율표**'에는 화학 원소(한 종류의 원자로 이뤄진 물질)가 칸마다 들어 있어요.

사각형 안에 있는 숫자는 원소가 가진 양성자 수예요. 예를 들어 양성자가 하나인 원자는 수소이고, 양성자가 8개인 원자는 산소이며, 양성자가 19개인 원자는 칼륨이에요.

사각형 안에 있는 글자는 원소 이름을 줄인 원소 기호를 나타냅니다. 칼륨(potassium)에는 'K'가 없는데 왜 칼륨의 기호가 'K'로 되어 있을까요? 원소 기호는 원소의 라틴어(고대어) 이름에서 약자를 따왔기 때문이에요. 칼륨은 라틴어 이름이 'kalium'이에요.

여기 주기율표에는 먼저 나오는 20개의 원소가 들어 있지만, 전체 주기율표에는 원소가 118개 있어요! 주기율표는 1869년에 처음으로 기록되었어요.

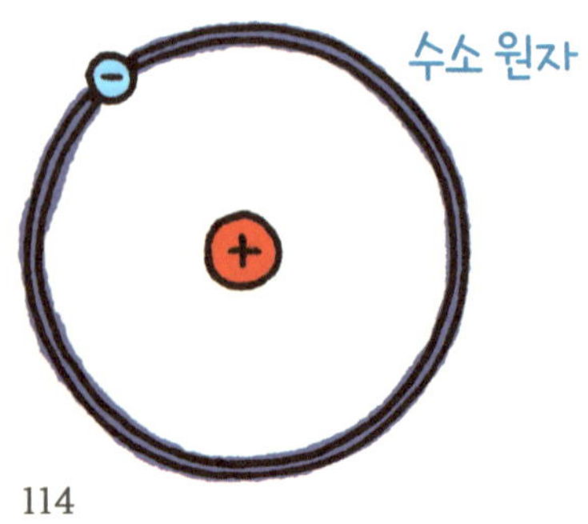

주기율표 : 원소 1~20

수소 1 **H**							헬륨 2 **He**
리튬 3 **Li**	베릴륨 4 **Be**	붕소 5 **B**	탄소 6 **C**	질소 7 **N**	산소 8 **O**	플루오린 9 **F**	네온 10 **Ne**
나트륨 11 **Na**	마그네슘 12 **Mg**	알루미늄 13 **Al**	규소 14 **Si**	인 15 **P**	황 16 **S**	염소 17 **Cl**	아르곤 18 **Ar**
칼륨 19 **K**	칼슘 20 **Ca**						

소립자 계열

2장에서 나온 소립자 친구를 기억하나요?

- **우리는 원자핵 주위를 파리 떼처럼 윙윙거리며 돌아다니는 전자를 만났어요.**
- **우리는 쿼크에 다른 종류가 있다는 사실을 알았어요.**
- **우리는 글루온이 풀처럼 모든 것을 붙여 준다고 배웠어요.**

이들 세 가지 유형의 소립자는 모두 각자의 계열이 있어요. 전자는 렙톤 계열이고, 쿼크는 여섯 종류가 모두 한 계열이며, 글루온은 보손 계열에 속해요. 계열마다 자기만의 기능과 책임이 있어서 모두 합쳤을 때 우리 세상을 구성해요.

이 책에서는 몇몇 소립자를 하나씩 만나봤지만, 때로는 이런 표처럼 소립자를 함께 만날 수도 있어요. 이 표는 **입자물리학의 표준 모형**이에요. 과학자들은 이런 표를 이용해서 우주의 가장 기본적인 구성 요소를 설명해요.

여기에서 다른 이름을 알아볼지도 모르지만, 아직 들어본 적이 없는 소립자를 더 만나볼까요?

입자물리학의 표준 모형

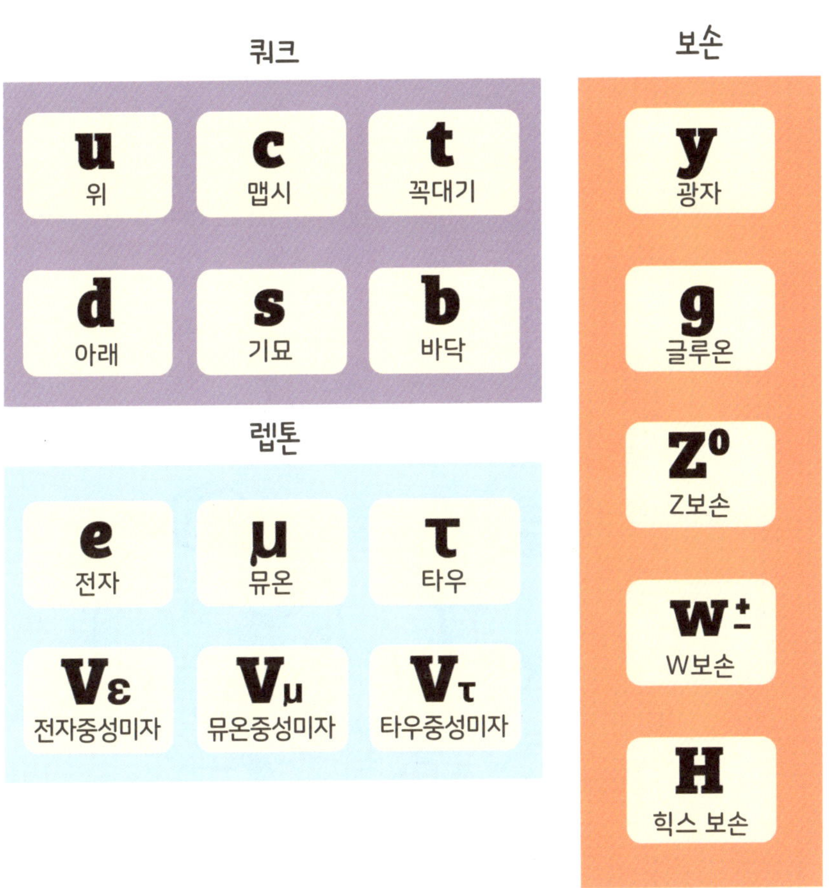

쿼크
u
위
c
맵시
t
꼭대기
d
아래
s
기묘
b
바닥
렙톤
e
전자
μ
뮤온
τ
타우
Vε
전자중성미자
Vμ
뮤온중성미자
Vτ
타우중성미자
보손
γ
광자
g
글루온
Z0
Z보손
W±
W보손
H
힉스 보손

렙톤

렙톤에는 전자와 함께 뮤온과 타우 입자가 있어요. 두 입자는 전자와 비슷하지만, 뮤온은 전자보다 200배 이상 무겁고, 타우 입자는 전자보다 3500배나 더 무거워요.

우리는 일상생활에서 이들 입자를 알아채지 못하지만, 뮤온은 엑스선이 충분히 강하지 않은데 커다란 물건 속을 보고 싶을 때 쓸모가 있어요. 뮤온이 단단한 구조물을 통과할 수 있거든요. 경찰과 세관원이 뮤온을 이용한 특수 기계로 화물칸 안을 들여다봐서 숨겨진 물건을 찾을 수 있지요. 2016년에 이집트에서 기자의 대피라미드 안에 숨겨진 비밀 방을 찾는 데 뮤온이 쓰였어요!

쿼크

앞서 배웠듯이, 쿼크에는 총 여섯 종류 또는 맛깔이 있어요. 위, 아래, 기묘, 맵시, 바닥, 꼭대기로 불러요.

입자는 흔히 팀을 이뤄서 더 큰 입자를 만들어요. 쿼크 3개가 힘을 합치면 '바리온(중입자)'이라는 입자가 생겨요. 바리온에는 원자의 구성 요소인 양성자와 중성자가 포함되죠. 우리 일상 세계의 거의 모든 것은 바리온으로 이뤄졌어요. 바리온은 람다, 시그마, 크사이, 오메가 등의 희귀한 종류가 있어요. 이들 바리온은 매우 빨리 쪼개져서 입자 충돌기 내부처럼 드문 경우에만 볼 수 있어요.

쿼크도 닿지만 않는다면 반쿼크와 친해져서 '메손(중간자)'을 만들 수 있어요. 중간자도 불안정하고 백만분의 1초 이내로 쪼개져서 일상 세계에서 보기 어려워요. 그렇다고 쓸모없다는 뜻은 아니에요. 과학자들은 새로운 기술을 발견하도록 돕는 작은 아원자 세계를 더 많이 이해하려고 연구하고 있어요. 양자물리학 세계에는 항상 배울 것이 더 많아요!

단어 풀이

감마선: 가장 짧은 파장이면서 에너지가 가장 높은 전자기복사.

감마선 폭발: 먼 은하계에서 발생하는 가장 강렬한 초대형 폭발 현상.

강력: 쿼크를 서로 결합하는 힘.

기묘체별: 기묘쿼크로 이뤄진 별.

디엔에이(DNA): 인간에서 미생물, 식물에 이르기까지 모든 생물의 유전자 본체.

렙톤: 전자를 포함한 여섯 종류의 소립자 계열.

보손: 우리 세계에 영향을 미치는 보이지 않는 힘을 만드는 소립자.

보손 별: 보손이란 입자로 만들어졌다는 이론상의 별.

분자: 양성자와 전자 간의 전기적 인력으로 원자가 서로 결합한 것.

블랙홀: 아무것도, 심지어 빛도 빠져나가지 못하게 중력이 끌어당기는 끝없이 깊은 구멍.

블레이자: 커다란 블랙홀이 있는 별이 모인 은하계.

빅뱅: 약 138억 년 전에 온 우주가 작은 공간에 모여 있다가 팽창하기 시작하면서 일어난 현상.

소립자: 완전히 모든 것을 구성하는 기본 요소.

약력: 양성자와 중성자가 원자핵에서 서로 붙게 하는 힘.

양성자: 중성자와 함께 원자의 핵을 구성하는 입자 중 하나.

양자 기술: 작은 입자의 특이한 반응을 이용해서 놀라운 것을 만드는 기술.

양자 순간이동: 물리적으로 이동시키지 않고, 양자 정보만 다른 장소로 전송하는 기술.

양자물리학: 물질과 에너지처럼 우리 세계를 구성하는 작은 것을 연구하는 학문.

양전자: 전자와 질량이 같지만, 전하가 반대인 전자의 반입자.

원소: 단 한 종류의 원자로 이뤄진 물질.

원소주기율표: 모든 원소와 원소의 중요한 정보를 정리한 표.

원자: 강력과 전자기력에 의해 서로 결합한 입자들.

웜홀: 시공간이 있는 두 장소를 잇는 가상의 터널.

입자: 우리 몸과 세상, 심지어 우주에 있는 거의 모든 것을 구성하는 작은 물체.

입자물리학의 표준 모형: 우리 세상을 구성하는 작은 것을 이해하도록 돕는 일련의 규칙.

전자: 원자 바깥 주변에서 돌아다니는 입자.

전자기력: 우리 세계에 빛과 전력을 주는 전자기복사를 일으키는 힘.

중력: 질량을 가진 물체에 영향을 끼치며 보이지 않게 끌어당기는 힘.

중성미자: 우리 행성 너머에서 끝없이 흘러들어오는 렙톤 계열의 입자.

중성자: 양성자와 함께 원자핵을 구성하는 입자 중 하나.

천체물리학자: 별을 연구하는 과학자.

초대질량 블랙홀: 태양의 질량보다 수백만 배나 크고, 많은 은하계 중심에 있는 거대한 블랙홀.

초신성: 별의 폭발.

쿼크: 존재하는 가장 가벼운 입자를 포함한 소립자 계열.

쿼크 별: 모두 자유 쿼크로만 이뤄진 가상의 특수한 별.

핵: 원자의 중심.

화이트홀: 안에 든 물질이 흘러나가지만 어떤 것도 돌아오지 못하는, 이론상으로 존재하는 블랙홀과 반대 개념의 천체.

찾아보기

풀과바람 지식나무 55

양자물리학이 뭔가요? - 우주를 만드는 구성 요소에 관한 친절한 안내서

Quarks, Sparks and Quantum Mysteries

1판 1쇄 | 2025년 7월 9일
1판 2쇄 | 2026년 1월 2일

글 | 리사 하비 스미스
그림 | 에이단 라이언
옮김 | 한성희

펴낸이 | 박현진
펴낸곳 | (주)풀과바람
주소 | 경기도 파주시 회동길 329(서패동, 파주출판도시)
전화 | 031) 955-9655~6
팩스 | 031) 955-9657
출판등록 | 2000년 4월 24일 제20-328호
블로그 | blog.naver.com/grassandwind
이메일 | grassandwind@hanmail.net

편집 | 이영란
마케팅 | 이승민

값 15,000원
ISBN 979-11-7147-124-9 73420

※잘못 만들어진 책은 구입처에서 바꾸어 드립니다.

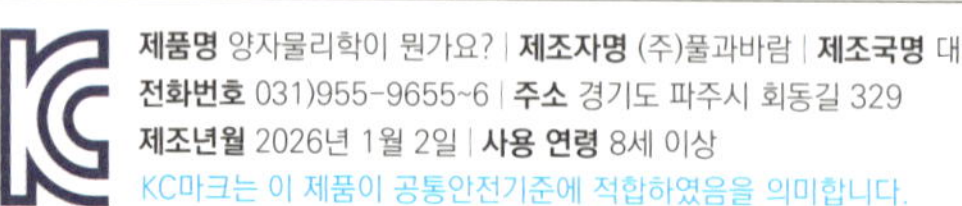

⚠ 주의

어린이가 책 모서리에 다치지 않게 주의하세요.